Jornada de Fe

PARA ADULTOS

CATECUMENADO GUÍA DEL MAESTRO

LIBROS LIGUORI

Guía para el Maestro del Catecumenado de la Jornada de Fe para Adultos (827273)

Imprimi Potest: Stephen T. Rehrauer, CSsR, Provincial de la Provincia de Denver, Redentoristas.

Imprimatur: "Conforme al CIC 827, Rev. Msgr. Mark S. Rivituso, Vicar General de St. Louis, concedió el Imprimátur para la publicación de este libro el 23 de noviembre del 2016. El Imprimátur es un permiso para la publicación que indica que la obra no contiene contradicciones con las enseñanzas de la Iglesia Católica, sin embargo no implica la aprobación de las opiniones que se expresan en ella. Con este permiso no se asume ninguna responsabilidad".

Texto: Adaptado de *Journey of Faith for Adults* © 2000 Liguori Publications. Editor de la edición de 2016: Theresa Nienaber. Diseño: Lorena Mitre Jiménez. Imágenes: Shutterstock.

Impreso en los Estados Unidos de América

20 19 18 17 16 / 5 4 3 2 1

Tercera edición

Engaged Encounter
Camino al Matrimonio

This certifies that

Mircala Toribio

&

Adrian Toribio

Have completed an Engaged Encounter Sponsored by the Diocese of Palm Beach

at Saint Juliana Catholic Church

<u>November 11ᵗʰ – 12ᵗʰ, 2017</u>
Date

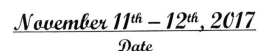

MARRIAGE PREPARATION PROGRAM

_____
Priest
Camino al Matrimonio
Diocese of Palm Beach

This two day course had a minimum duration of 12 hours consisting of personal instruction and digital media.

Modelo para una celebración de la palabra de Dios

1. *Canto.* La celebración se inicia con un himno o canto apropiado.

2. *Lecturas y salmo responsorial.* Un miembro bautizado –idealmente un lector entrenado- proclama una o dos lecturas de las Escrituras. Al igual que en Misa, la primera o primeras lecturas son del Antiguo Testamento seguida(s) por un salmo cantado o en forma de recitación y respuesta.

3. *Lección.* El director, el párroco u otro catequista entrenado del *RICA* ofrece una breve explicación y aplicación de las lecturas.

4. *Ritos de despedida.* La celebración concluye con una oración y uno o más de los ritos opcionales que aparecen a continuación (*RICA* 85-89).

Ritos opcionales

Durante este periodo, los catecúmenos y candidatos pueden alimentar su espíritu con otros ritos litúrgicos. La Iglesia ofrece textos y lineamientos para exorcismos menores (peticiones de fuerza ante los retos a la fe y la lucha contra las tentaciones), bendiciones y unciones que pueden surgir por sí mismas o como conclusión de la celebración de la Palabra (*RICA*, 90-103). Hable con su sacerdote o diácono acerca de cuándo y dónde pueden resultar de beneficio para su grupo específico.

También tendrá que determinar qué ritos resultan apropiados para el periodo de iluminación y cómo encajarán en las semanas que nos preparan para la Vigilia Pascual. Las presentaciones del Credo y de la Oración del Señor pueden transferirse a una etapa tardía del catecumenado si resulta necesario, pero el sacerdote, el diácono o el director de educación religiosa deberán garantizar que los catecúmenos estén listos para ello con antelación.

Si el obispo celebra los ritos de elección y/o llamada en otro lugar de la diócesis, tanto la parroquia como los participantes se beneficiarán con el rito del envío. En este rito, el párroco de la localidad y la comunidad aprobarán y celebrarán preliminarmente la preparación alcanzada por los participantes (ver *RICA* 106-17, 434-45, 530-46). Ello demuestra que su amor y apoyo, aunque distantes, están presentes, y fortalece a los catecúmenos y candidatos para su regreso y entrada en el tiempo de Cuaresma.

El Rito de Elección

El rito de elección es un importantísimo hito en la jornada emprendida por los catecúmenos del *RICA*. Por lo general tiene lugar en el primer domingo de Cuaresma, momento en el que los catecúmenos hacen voto público de fidelidad a la Iglesia y firman el Libro de los Elegidos. Los candidatos bautizados participan en el *Rito de Llamada a los Candidatos para la Conversión Continua* o en un rito combinado. Estos ritos son muy similares pero los últimos mencionados no incluyen firma alguna.

El programa de la *Jornada de Fe* proporciona en la lección C1 un bosquejo básico del rito de elección y proporciona un esquema general para la preparación espiritual mediante las Escrituras y la reflexión en la lección E1: *Elección: Decir Sí a Jesús.*

"Antes del rito de elección el obispo y los sacerdotes, diáconos, catequistas, padrinos, madrinas y la comunidad entera tendrán (deberán tener) un criterio acerca del estado en que se encuentran la formación y el progreso de los catecúmenos" (*RICA* 121). Esto no quiere decir que haga falta realizar una entrevista o examen; sin embargo, puede que los párrocos que no hayan participado en las sesiones del *RICA* deseen conversar brevemente con usted acerca del grupo.

Este es un buen momento para recopilar retroalimentación y experiencias de los miembros del equipo y los espónsores con los catecúmenos. Registrar y compartir datos e historias de especial significación puede servir como testimonio de la fe del individuo así como para fortalecer el obrar del Espíritu en y por medio del *RICA* de tu parroquia.

El obispo normalmente da su aceptación a la participación de los catecúmenos y candidatos en sus respectivos ritos y preside la ceremonia. Se celebre o no el rito de elección en su parroquia, anime a todos los miembros del equipo, a los espónsores, a los familiares inmediatos y a los amigos cercanos a asistir al mismo. Prepare a los catecúmenos repasando los pasos o ensayando las respuestas con antelación. Los pasos del rito aparecen enumerados a continuación:

1. El rito, celebrado durante la Misa, comienza con la liturgia de la Palabra.

2. Después de la homilía, el celebrante llama al catecúmeno por su nombre y le pide que pase adelante en compañía de sus padrinos.

3. El celebrante se dirige a la asamblea y pregunta a los padrinos si estos hombres y mujeres "son merecedores de ser admitidos" (*RICA* 131). Pregunta si se han "preparado suficientemente…escuchado con actitud de fieles la palabra de Dios… [y] han respondido." Los padrinos y madrinas responden "Lo son." y "Lo han hecho."

4. Él pregunta a los catecúmenos si desean ingresar a la Iglesia. Ellos contestan "Lo deseamos."

5. Después de quedar asentadas las firmas en el Libro de los Elegidos, el celebrante declara que ya tienen ese carácter. Los exhorta a permanecer fieles y a "alcanzar la plenitud de la Verdad" y a sus padrinos a mantener su "amoroso cuidado y su ejemplo" (*RICA* 133).

6. La comunidad ofrece sus intercesiones por los elegidos.

7. El celebrante reza por los elegidos y los despide antes de continuar con la Liturgia de la Eucaristía.

Espónsores y padrinos: bien preparados y dando aportes significativos

El trabajo del espónsor del *RICA* de la parroquia comienza por lo general durante el periodo llamado Preguntas y continúa durante todo el catecumenado. Puesto que esta función oficial termina con el comienzo de la Cuaresma, el catecúmeno elegirá un *padrino* y una *madrina* para su bautizo. Los padrinos pueden ser personas ajenas a la parroquia. Lo ideal es que él o ella sea alguien que haya sido para el catecúmeno un modelo de cristiano y que continúe siéndolo para que le sirva de apoyo a lo largo de su vida. Al padrino o la madrina le corresponde presentar al catecúmeno en el rito de elección y acompañarle en la intensa preparación final para la iniciación. El padrino o la madrina también actuará como sostén del elegido en la celebración de los sacramentos y le ayudará a continuar su formación cristiana después de la Pascua. Si bien muchos espónsores parroquiales hacen también de padrinos o madrinas o de espónsores de la confirmación en el caso de que sus candidatos ya estén bautizados, todos los espónsores pueden continuar ofreciendo sus oraciones y apoyo durante toda la duración del proceso de iniciación y más allá.

Al igual que en el caso del espónsor, un padrino o madrina tiene que ser un católico en activo. Resulta ventajoso que, cualquiera que sea la persona, tenga (con el catecúmeno) una relación preexistente, pero probablemente sea conveniente que no sea un pariente cercano. El padrino y la madrina han de ser capaces de juzgar el progreso y la fe del catecúmeno objetivamente y plantearle el reto de llevar un modo de vida cristiano. Esta responsabilidad puede interferir con el apoyo personal que, naturalmente, se deriva de la relación familiar, y no todos los seres queridos se sienten calificados o preparados para ella. Los candidatos con padrinos de bautizo elegibles pueden pedirles que sean sus espónsores para la confirmación. Una vez que el padrino o la madrina ha sido escogido y aprobado, se le invitará a las sesiones semanales y a cualquier preparativo para los ritos.

Tanto los espónsores como los padrinos son acompañantes en el camino emprendido por su participante, representan a la Iglesia Católica y actúan como testigos de la cada vez más profunda relación de aquel o aquella con Cristo. No todo el mundo puede recorrer la misma distancia ni al mismo paso, pero todos aprenden del otro durante el camino. Los contactos personales establecidos mediante estas relaciones conforman una unidad entre la parroquia y la comunidad cristiana en general. Anímeles a disfrutar del viaje.

La catequesis efectiva durante el catecumenado

La meta de la catequesis en el *RICA* es más la conversión que la maestría académica o religiosa. Deberá ser clara y directa y ha de ser presentada de acuerdo con el nivel de los participantes. Ha de ser precisa y promover la comprensión y la aceptación. Tiene que tocar sus corazones y encender la luz de la fe en sus vidas. Tiene que tener relación con sus experiencias personales o se correrá el riesgo de ser dejada a un lado como algo que no viene al caso.

El modelo catequético o proceso de formación de la fe generalmente implica tres cosas:

1. *La experiencia de vida.*

2. *El mensaje o doctrina.*

3. *La respuesta.*

El testimonio personal resulta importante en la mayoría, si es que no en todos, los grupos que discuten temas relativos a la fe, y lo es especialmente en el *RICA*. Al compartir sus historias, los catequistas, espónsores y participantes comienzan a conformar una pequeña comunidad de fe. Comprenden mejor las interrogantes de los demás, les brindan su apoyo en el camino emprendido y reflexionan sobre el suyo propio.

Los sacramentos son cardinales para la vida cristiana y, por lo tanto, lo son también para las sesiones del catecumenado de la *Jornada de Fe*. Las imágenes y símbolos asociados con cada sacramento transmiten un significado bíblico y teológico y se relacionan directamente con nuestro actuar como católicos. El saber esto resulta esencial para la comprensión y la aceptación de nuestra fe y hará más profundas las experiencias sacramentales y litúrgicas de todos.

El mejor programa *RICA* trasciende las sesiones semanales e incluye la oración privada, la lectura o estudio espiritual y los actos de caridad, justicia y misericordia. El proceso involucra cada vez más a la comunidad de fe, la familia y otros. Al irse aproximando la Vigilia Pascual, busque la forma de que los catecúmenos y candidatos puedan aplicar los tópicos y conceptos y dar testimonio de su crecimiento en la fe, tanto en palabra como en hechos.

Sugerencias prácticas

- Una vez que los participantes comienzan a asistir a Misa o a celebrar la Palabra, establezca señales y rutinas que refuercen la devoción religiosa. Los espónsores pueden ayudarle a modelar el comportamiento apropiado hasta que los participantes los hayan interiorizado.

- Haga un uso óptimo de sus materiales y recursos. Conozca los puntos fuertes y flacos de los diferentes formatos, medios y tipos de presentación. Estudie el contenido de la *Jornada de Fe* en busca de sugerencias para la oración y las actividades. Conozca cuándo y cómo complementar los temas de las lecciones, tanto individualmente como para el conjunto de todos los participantes.

- Conozca las necesidades y preferencias de sus catecúmenos y candidatos. Siga dejando algún tiempo para las preguntas e inquietudes. Ajuste el ambiente y las sesiones para atrapar la atención de los diversos tipos de estudiantes y aumentar su comprensión. Cosas simples como las oraciones, los decorados y unos snacks y bebidas refrescantes pueden añadir interés y un toque personal.

- Establezca contacto con los directores espirituales radicados en su zona. Estimúleles para que sirvan a todos los participantes y estén siempre dispuestos a atenderles.

- Cuando les presente los sacramentos, permita a los catecúmenos explorarlos e interactuar con ellos. Comparta con sus catecúmenos fotos y vídeos de ceremonias recientes. Invite a espónsores, miembros del clero y otras personas a describir sus experiencias, Compáreles con las tradiciones y símbolos propios de otras culturas.

- Haga de la historia de la salvación y de la Iglesia algo vivo. Muestre una escena de una representación moderna de uno de los sucesos narrados en la Biblia o de la vida de un santo. Lea o distribuya pasajes breves de documentos magisteriales. Comparta con ellos un artículo, una nota periodística o un vídeo transmitido por una fuente noticiosa católica sobre un suceso actual o un tema que venga al caso.

Integración a la comunidad parroquial

Para muchos de la parroquia, los ritos de aceptación y bienvenida son su primera mirada al proceso del *RICA* y los nuevos participantes. Este incremento de su visibilidad es una gran oportunidad para iniciar o renovar la participación de la comunidad. Según el equipo del *RICA* y los participantes en el mismo vayan compenetrándose y sintiéndose más cómodos con el proceso, siga buscando la forma de que puedan interactuar con su familia en la fe.

- Asegúrese de que, en misa, el párroco dispense formalmente al grupo del *RICA* del rito de aceptación hasta la Vigilia Pascual. El reconocimiento público de la presencia de los catecúmenos y candidatos refuerza su dedicación y pone de manifiesto el reconocimiento y aprecio de la comunidad por este ministerio.

- Durante el Adviento, asistan juntos a un servicio de oración, una devoción o una adoración propios de la estación para darles a conocer a los participantes las tradiciones católicas.

- Recuérdeles a los fieles de la parroquia rezar por los catecúmenos y candidatos, presentarse a ellos antes o después de la misa, y compartir su fe con los demás.

- Invite a los fieles a asistir a las sesiones semanales y los ritos del *RICA*. Ello es el mejor reflejo de la naturaleza comunal del proceso y pone de manifiesto el continuo apoyo de la Iglesia.

- Involucre a los miembros del equipo, a los espónsores y a los miembros del ministerio en la adquisición de los materiales, objetos religiosos y medios auxiliares visuales y de audio. Con frecuencia, hay personas que disponen de estas cosas y con ello se elimina la necesidad de comprarlas.

- Invite a los ministros y voluntarios de la parroquia a hablar con los participantes, especialmente si su papel que desempeñan o grupo no les ha sido presentado.

  o El comité de liturgia, el director musical, los sacristanes y el coordinador de las bodas pudieran compartir con ellos cómo se preparan para la Misa, los sacramentos y los funerales.

  o Un grupo de estudios bíblicos o el grupo de jóvenes pudiera aportarles información o recursos para el estudio de pasajes claves de la Biblia o eventos de la historia de la Iglesia.

  o El equipo provida o la Sociedad de San Vicente de Paúl pudieran proporcionarles ejemplos de cómo defienden la dignidad y la vida humanas y trabajan en pro de la justicia en la comunidad local. Ellos pudieran también invitar a los participantes a brindar su contribución o servir como voluntarios.

Catecismo: 1229–33, 1247–49

Objetivos

Los participantes…

- recordarán los diversos ritos del *RICA* y su respectiva ubicación en el proceso.

- establecerán la distinción entre los ritos del catecumenado y los de los candidatos bautizados, así como entre los ritos reglamentarios (propios) y los ritos opcionales…

- se percatarán de que la participación en cada rito sucesivo tiene como resultado un mayor nivel de compromiso y unidad para el individuo, la parroquia y toda la Iglesia.

Meditación del maestro

Juan 1:35–42

Al igual que los profetas que le antecedieron, Juan el Bautista indicó el camino y formó a individuos listos para escuchar y responder a la invitación de Dios a acercarse y seguirle. Si bien los caminos y las intenciones varían de persona a persona, podemos hacer que brille Jesús, el que pone de manifiesto quiénes somos y nos reúne y une en su nombre. Pídale a Jesús que le muestre cómo está Dios obrando en sus participantes y cómo puede usted llevarles adelante en la jornada de la fe.

Preparación del maestro

- Lea la lección, este plan de clase, la primera lectura de las Escrituras y el *Catecismo.*

- Lea las primeras secciones de esta guía para el maestro. Repase el material de la *Jornada de Fe, Preguntas Guía de Maestro* según se necesite y especialmente el relativo a la lección *P1: ¡Bienvenido al RICA!*

- Familiarícese con los términos usados en esta lección: rito de aceptación, candidato, rito de bienvenida, rito de elección, elegido, escrutinios, presentación del Credo, presentación de la Oración del Señor, neófito. Las definiciones se encuentran en el glosario de esta guía.

- Determine cuál es el status sacramental y el nivel de formación de cada participante, si es que todavía no lo ha hecho. Esté listo para explicar las diferencias entre catecúmenos y candidatos y sus implicaciones en lo que al proceso se refiere. Remítase a esta guía, a las políticas de la parroquia y la diócesis y al propio rito.

- Consiga para los participantes y espónsores copias de cualesquiera instrucciones o documentos sobre la celebración en su parroquia de los *ritos de aceptación y bienvenida* que sean necesarios.

- Consiga fotos o vídeos de anteriores ritos del *RICA* y/o programe una sesión con un antiguo participante o espónsor que cuente sus experiencias.

- Consiga para la actividad unas hojas de papel adicionales excepto si tiene pensado dejarla como trabajo extraclase o pedirles a los participantes que la completen en su diario de oraciones. Si trae a la sesión algunos artículos básicos para la realización de tareas artísticas, se pudiera incrementar la creatividad y darle más sentido a la actividad.

Bienvenida

Según vayan llegando, salude a lo catecúmenos y candidatos, y a cualquier nuevo espónsor. Chequee los materiales y lo que vaya a utilizar de inmediato. Pídales que formulen preguntas o comentarios acerca de la sesión anterior y/o comparta con ellos nuevas informaciones y conclusiones. Comience la sesión rápidamente.

Lectura inicial

Juan 1:35–42

Encienda la vela y deje un margen para un momento de silencio. Entonces lea en voz alta un pasaje de una Biblia católica o estudie el *Leccionario*. Recuerde a los participantes que este es un relato de la llamada de Jesús a sus primeros discípulos y que Jesús también nos llama a cada uno de nosotros. Invíteles a compartir comentarios o reacciones. Pregunte: "¿Qué ha encontrado en Jesús? ¿Qué ha aprendido sobre la Iglesia hasta este momento? ¿Qué más puede enseñarle el proceso del *RICA*?"

> *Desde los tiempos apostólicos, para llegar a ser cristiano se sigue un camino y una iniciación que consta de varias etapas… El catecumenado, o formación de los catecúmenos, tiene por finalidad permitir a estos últimos, en respuesta a la iniciativa divina y en unión con una comunidad eclesial, llevar a madurez su conversión y su fe.*
>
> *CIC 1229, 1248*

Jornada de Fe

En breve:

- El RICA tiene un periodo de preparación antes de cada rito.
- Los ritos para los catecúmenos y los ritos para candidatos son distintos.
- Los ritos sucesivos expresan un compromiso cada vez mayor de seguir a Cristo.

Los procesos y ritos del RICA

Has estado estudiando que significa ser católico— tanto en tu relación con Dios como en tu vida personal — y has tomado la decisión de dar el siguiente paso en el proceso del RICA.

Los ritos indican el inicio de importantes etapas en la jornada del RICA, sin embargo, es tu propio crecimiento espiritual lo que vas a experimentar de una manera más profunda. Tu equipo y tu sponsor o padrino del RICA estarán a tu lado, guiándote. Los miembros de la parroquia te van a apoyar con sus palabras y con su ejemplo. Y, por supuesto, seguirás rezando y estudiando, así como creando vínculos con otros que también están haciendo este viaje para iniciarse en la Iglesia Católica.

"Fijándose en Jesús que pasaba, dice: 'He ahí el Cordero de Dios'. Los dos discípulos lo oyeron hablar así y siguieron a Jesús. Jesús se volvió y, al ver que lo seguían, les dice: ¿Qué buscan?'. Ellos le respondieron: 'Rabbí —que quiere decir 'Maestro'— ¿dónde vives?'. Les respondió: 'Vengan y lo verán'".

Juan 1:36–39

Periodos y ritos

Si bien la jornada de fe de cada persona es única, la Iglesia ha establecido algunos pasos generales señalados por ritos a lo largo de este camino. Cada rito está precedido por un periodo o etapa durante el cual los participantes reciben la formación necesaria para poder celebrar de forma adecuada el rito siguiente.

Los ritos del RICA se celebran al inicio de la Misa o después de la homilía. De pie, cerca del altar, junto con tu padrino, vas a responder a las preguntas que te hará el sacerdote. Aunque posiblemente vas a estar nervioso en ese momento, presta atención al contenido de las oraciones que la comunidad dirá por ti.

Estas en el camino de la conversión.

- ¿Cómo has crecido desde el comienzo del proceso de RCIA?

Preguntas

Conforme ibas avanzando en el periodo de Preguntas, es probable que hayas comenzado a seguir a Jesús de forma más intensa, llegando a conocer mejor sus enseñanzas y su amor, compartiéndolos con otros.

Rito: Aceptación o bienvenida

El **Rito de aceptación** hace que quienes desean ser bautizados comiencen a formar parte del orden de los catecúmenos. El rito te introduce a la comunidad parroquial y esta te acoge y promete orar por ti y ofrecerte su apoyo. Tú expresarás tu intención de seguir a Cristo y tu padrino dará fe de tu sinceridad y de que estás trabajando en tu conversión. Como catecúmeno, seguirás creciendo en la fe a través del estudio, la reflexión de la Palabra de Dios y la oración.

CIC 1229–1233, 1247–1249

Los procesos y ritos del *RICA*

Cite o cuente ejemplos de ritos personales o culturales del pasaje y anime a los paz la persona de una nueva etapa en su vida que le traerá privilegios y responsabilidades. Explique que, para los católicos, el privilegio supremo es el de participar plenamente en los sacramentos, los cuales nos prometen la vida eterna y nos preparan para ella.

Periodos y ritos

Repase los cuatro periodos del *RICA* acorde con lo que se necesite. Oriente a los participantes con respecto al lenguaje de carácter algo técnico. Un gráfico pudiera ayudar a ilustrar la secuencia general de los ritos y las diferencias entre catecúmenos y candidatos.

Prepárense para los ritos de aceptación o bienvenida que deberán producirse poco después de esta sesión. Conceda a los participantes no catecatizados y los espónsores inexpertos tiempo y atención suficientes para que se sientan cómodos con el proceso. Exponga fotos o vídeos de anteriores ritos del *RICA* para que se familiaricen con los gestos y acciones usuales.

Escuchen el testimonio personal de un antiguo participante en el *RICA* (posiblemente un miembro o espónsor actual del equipo). Valore también el invitar al párroco para que cuente su experiencia y sus puntos de vista como celebrante.

Preguntas

Pregunte a los participantes cuántos de ellos están bautizados o cuántos no lo están.

Recalque que la diferencia entre los dos ritos no es para excluir sino para finalmente unir a todos en los mismos sacramentos.

El bautismo será discutido con mayor detenimiento en la lección C3, pero si los participantes tienen preguntas acerca de por qué los bautizados en otra tradición de fe no tienen que volverse a bautizar en la Iglesia católica, puede remitirlos a la sección del *Catecismo* que trata del bautismo y comienza en *CIC* 1213. También puede citar Efesios 4:5, "un Señor, una fe, un bautismo".

Destine un tiempo al final de la lección para el testimonio personal de un antiguo participante en el *RICA* (por lo general un actual miembro o espónsor del equipo). Valore el invitar al párroco para que cuente sus experiencias y puntos de vista como celebrante. (Contar experiencias personales contribuirá a equilibrar la realidad de los ritos con el lenguaje técnico, en ocasiones, algo confuso, utilizado para explicarlos).

1. Al inicio del rito, estarás de pie en la puerta principal de la iglesia para simbolizar tu deseo de entrar a formar parte de la comunidad.

2. El sacerdote te presenta a la asamblea diciendo tu nombre y te pregunta: "¿Qué pides a la Iglesia?". Tú respondes: "La fe", expresando así tu deseo de vivir, aprender y amar siguiendo la llamada y ejemplo de Cristo.

3. El sacerdote pide a tu padrino o madrina que acepte su rol y misión, y trazará el signo de la cruz en tu frente, simbolizando el amor y la fuerza de Cristo que te acompañan (también puede, aunque no es obligatorio, hacer el signo de la cruz sobre otros sentidos de tus sentidos como los oídos, los ojos, los labios, el corazón, los hombros, las manos y los pies).

4. El sacerdote te invita formalmente a participar en la Liturgia de la Palabra (después de la oración de los fieles, el grupo del RICA puede retirarse para reflexionar con mayor profundidad en la Palabra de Dios).

Rito: Bienvenida

Si ya estás bautizado, entonces comienzas el periodo del catecumenado como **candidato**, a través del **Rito de bienvenida.** Estos dos ritos se pueden celebrar por separado o juntos.

- *¿Quién o qué es lo que más te está ayudando en tu jornada de fe?*
- *¿De qué forma o formas, en concreto, estás creciendo en tu relación con Cristo?*

Catecumenado

Este tiempo se dedica más a estudiar diversos temas relacionados con la doctrina y práctica católicas. Es en el fondo un entrenamiento para la vida cristiana. Es un tiempo dedicado a una "preparación más intensa de los sacramentos de iniciación" (RICA 6).

"[Jesús] vio a un publicano llamado Leví, sentado en el despacho de impuestos, y le dijo: 'Sígueme'. Él, dejándolo todo, se levantó y le siguió".

Lucas 5:27–28

Rito: Elección

Tu parroquia puede tener un *Rito de envío* para ofrecerte sus oraciones y apoyo antes de que salgas hacia la catedral de tu diócesis donde participarás en el Rito de elección. Durante este último rito serás presentado al obispo o a su delegado.

El **rito de elección**, celebrado por lo general el primer domingo de Cuaresma, reconoce que estás preparado para recibir los sacramentos de iniciación. Te conviertes en miembro de los **elegidos**, indicando con ello que has sido escogido por Dios y por la Iglesia. Durante el Rito de elección:

1. Tu padrino o padrinos afirman que estás preparado y la asamblea expresa su aprobación.

2. El celebrante te pregunta si deseas entrar a formar parte de la Iglesia. Junto con los demás catecúmenos, respondes, "quiero".

3. Tanto en el Rito de envío como en el Rito de elección, escribes tu nombre, de tu puño letra, en el *Libro de los elegidos*, expresando tu deseo de "iniciarte plenamente en la vida de la Iglesia por medio de los sacramentos del Bautismo, la Confirmación y la Eucaristía" (cf. *RICA* 553).

4. La comunidad ora por los elegidos y el obispo ofrece una bendición especial.

El rito de los que ya están bautizados se conoce como *Llamada a la conversión continua*.

> "No temas, yo te he rescatado, te he llamado por tu nombre. Tú eres mío".
>
> *Isaías 43:1*

Purificación e iluminación

Este periodo por lo general se tiene durante el tiempo de Cuaresma. Es un tiempo de reflexión que se concentra en la conversión de los elegidos mientras se preparan para celebrar los sacramentos de la Pascua. Durante este tiempo se celebran otros ritos menores, como los **Escrutinios**, la **Presentación del Credo**, y la **Presentación de la oración del Señor**—Por lo general se tienen durante la Misa dominical.

> "Entonces dijo Jesús a sus discípulos: 'Si alguno quiere venir detrás de mí, niéguese a sí mismo, tome su cruz y sígame'".
>
> *Mateo 16:24*

Ritos: Los sacramentos de iniciación

La Vigilia Pascual es la "Noche santa", la noche "verdaderamente bendita", la "noche de la gracia" (Pregón Pacual [*Exsultet*], *Misal Romano*). La Iglesia permanece en vigilante espera de la resurrección de Jesús y celebra los misterios centrales de nuestra fe.

Los elegidos son iniciados completamente en la Iglesia Católica en la Misa de la Vigilia Pascual al recibir los sacramentos de iniciación. Son bautizados, sellados con el don del Espíritu Santo en la Confirmación y reciben la Eucaristía por primera vez. A partir de este momento, los recién bautizados son llamados **neófitos** (del griego "recién plantados"). Quienes ya estaban bautizados, hacen la profesión de fe y reciben la Confirmación y la Eucaristía.

> "Esta es la noche en que, rotas las cadenas de la muerte, Cristo asciende victorioso del abismo".
>
> *(Pregón pascual, [Exsultet], Misal Romano).*

Mistagogia

La iniciación no es el fin. Con ella comienza tu nueva vida y el periodo de mistagogia. Durante el tiempo de Pascua, los neófitos experimentan lo que significa ser miembros a pleno derecho de la comunidad cristiana y católica. Participan en la Misa dominical y reflexionan en el significado de los sacramentos de la Pascua.

- ¿Qué parte o momento de este proceso te interesa más? ¿Por qué?

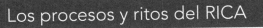

Tu jornada de fe

Considera asignar esta actividad con anticipo a los miembros del equipo y los espónsores con el fin de que puedan, durante la sesión, compartir sus líneas del tiempo con los participantes.

Al introducir la actividad, distribuya el papel o los materiales adicionales que necesitará. Aliéntelos para que expresen sus experiencias de la manera o forma que deseen. Puede que sea beneficioso, más efectivo o, simplemente, necesario que realicen la actividad cada uno por sí mismo. De hacerlo así, invítelos a narrar en la próxima sesión algunos hitos y aspectos destacables.

CATECUMENADO

JORNADA DE FE

Tu jornada de fe

Haz una línea del tiempo que represente tu propia jornada de fe. Haz una lista de algunos momentos o fases importantes de tu jornada (entre tres y cinco).

Lee y reflexiona en la historia de los discípulos de Emaús que se encuentra en el Evangelio de Lucas (24:13–35). Este pasaje nos habla de estar abiertos para poder reconocer a Jesús y de comunicar a otros la Buena Nueva. Este poder proviene de la mesa eucarística: "Ellos, por su parte, contaron lo que había pasado en el camino y cómo le habían conocido al partir el pan" (Lucas 24:35).

- *Dedica tiempo a reflexionar en tu jornada de fe hasta este momento. ¿Cuáles son tus esperanzas y expectativas conforme avanzas en el camino que te conducirá a la iniciación?*

- *¿De qué forma está cambiando tu relación con Dios a medida que lo buscas más intensamente?*

- *¿Cómo pueden la Iglesia y los sacramentos ayudarte a responder al llamado de Cristo para vivir como su discípulo?*

Jornada de Fe para adultos: Catecumenado, C1 (826924)
Imprimi Potest: Stephen T. Rehrauer, CSsR, Provincial de la Provincia de Denver.
Imprimátur: "Conforme al C. 827, Mons. Edward Rice, obispo auxiliar de St. Louis, concedió el Imprimátur para la publicación de este libro el 17 de mayo de 2016. El Imprimátur es un permiso para la publicación que indica que la obra no contiene contradicciones con las enseñanzas de la Iglesia Católica, sin embargo no implica la aprobación de las opiniones que se expresan en ella. Con este permiso no se asume ninguna responsabilidad." Jornada de Fe © 2000, 2016 Liguori Publications, Liguori, MO 63057. Para hacer pedidos, visite Liguori.org o llame al 800-325-9521. Liguori Publications, corporación no lucrativa, es un apostolado de los Redentoristas. Para saber más acerca de los Redentoristas visite "Redemptorist.com." Todos los derechos reservados. Ninguna parte de esta obra puede ser reproducida, distribuida, almacenada, transmitida o publicada en ningún medio sin previo permiso por escrito.
Edición del 2016: Denise Bossert, Julia DiSalvo, and Joan McKamey. Arte/Diseño: Lorena Mitre Jimenez. Imágenes: Shutterstock.

LIBROS LIGUORI

ISBN 978-0-7648-2692-4

Diario

Anime a los participantes para que compartan esta semana sus respuestas con sus espónsores.

Oración final

Pida a todos los presentes que formulen sus intenciones particulares y después recen juntos el *Padrenuestro*. Recuerde a los participantes que esta plegaria proclama la unicidad de Dios, la fidelidad a su voluntad y la frecuencia con la que nos alimenta en el camino de la fe.

Tarea

Entregue a los participantes y espónsores una lista para llevarse consigo a casa de las fechas clave o un calendario general de las actividades del *RICA*, si es que todavía no tienen esa información. Anímelos a que añadan esos detalles a sus calendarios personales, familiares o digitales. Recuérdeles los preparativos necesarios para el rito de aceptación y/o bienvenida, e incítelos para que esperen con ilusión el proceso que culmina en el sacramento de la iniciación. Los maestros y miembros de los equipos deberán valorar si confeccionar unas tarjetas a propósito o planificar una pequeña celebración para quienes ingresan formalmente al catecumenado.

C2: Los sacramentos: una introducción

Catecismo: 1084, 1087, 1113–34, 1210–12, 1420–21, 1533–35

Objetivos

Los participantes...

- describirán un sacramento como un signo tangible, una manifestación del amor y la presencia.

- distinguirán entre los siete sacramentos dela Iglesia y otros encuentros divinos.

- clasificarán los sacramentos como de Iniciación, Sanación y Servicio según las categorías del *Catecismo*.

- reconocer en Cristo al fundador de los sacramentos y de la Iglesia, la encargada de administrarlos.

Meditación del maestro

Mateo 28:16–20

Jesús promete, "yo estoy con vosotros todos los días hasta el fin del mundo". Mediante los sacramentos, el Señor está visiblemente presente en la Iglesia y en nuestras vidas. Cada sacramento que recibimos aumenta tanto la presencia del Señor como nuestra percepción de esa presencia. Pregúntese a sí mismo: "¿Qué es lo que hace algo único de los sacramentos? ¿Cuánto valor les doy en mi vida diaria?"

Preparación del maestro

- Lea la lección, este plan de clase, la lectura inicial y las secciones del *Catecismo*.

- Familiarícese con los términos: sacramento, gracia. Las definiciones y explicaciones pueden encontrarse en la lección, así como también en el glosario de esta guía.

- Tenga presente que los catecúmenos no reciben los sacramentos en la misma secuencia que los católicos de cuna, y que los candidatos pueden haber experimentado o percibido determinados sacramentos en una forma diferente.

- Invite al equipo de acogida a hacer algo especial que se ajuste al mensaje de esta lección. Unas flores, unos caramelos u otros modestos obsequios pondrían de manifiesto que los signos exteriores *realmente* expresan realidades invisibles— como el constante apoyo y atención de la parroquia.

Bienvenida

Salude a los participantes y espónsores según vayan llegando. Chequee los materiales y lo que vaya a necesitar de inmediato. Invite a cada una de las personas a que cuente un suceso importante en su línea del tiempo de la fe, si es que no se completó esa actividad durante la sesión anterior. Invítelos después a contar sus experiencias con y reacciones al rito de aceptación y/o de bienvenida. Comience rápidamente.

Lectura inicial

Mateo 28:16–20

Encienda la vela y lea el pasaje en voz alta. Pida a los participantes que mencionen las formas en que Jesús está con nosotros como individuos y como Iglesia. Explique que los sacramentos son el único y supremo modo por el cual la gracia y las acciones salvíficas de Cristo entran en nuestras vidas y fortalecen nuestra fe. Estos signos visibles y tangibles sirven como prueba del amor y la presencia eternos de Dios.

> *Los sacramentos son "fuerzas que brotan" del Cuerpo de Cristo siempre vivo y vivificante, y como acciones del Espíritu Santo que actúa en su Cuerpo que es la Iglesia.*
>
> *CIC 1116*

En breve:

- Un sacramento es un signo visible de la gracia de Dios.
- Los siete sacramentos se dividen en tres categorías.
- Cristo instituyó los sacramentos y confió su administración a la Iglesia.

Los sacramentos: una introducción

¿Cómo le expresas a alguien tu amor? Somos seres físicos que viven en un mundo físico, por tanto, nos comunicamos de forma física. Experimentamos la realidad a través de nuestros sentidos: vista, oído, gusto, olfato y tacto. También nos comunicamos a través de los sentidos.

El amor es real. Podemos experimentarlo, pero no es un objeto físico. Si bien nuestras expresiones de amor no son lo mismo que el amor, comunicamos nuestro amor a través de ellas. Las palabras, los gestos y los objetos físicos se convierten en *signos* de nuestro amor.

La Iglesia llama **sacramentos** a los símbolos físicos que Cristo utiliza —símbolos que podemos sentir y observar— para actuar en nuestras vidas. Más adelante encontrarás una definición más detallada.

Jesús sabía que los seres humanos necesitamos signos físicos para comprender la extraordinaria realidad de su amor. Los pasajes de la Escritura que aparecen a continuación muestran algunas formas en que Jesús se sirvió del mundo físico para ayudar a quienes lo seguían a entender su profundo amor por ellos:

Mateo 8:1–3   Marcos 10:13–16

Lucas 9:12–17   Juan 9:6–7

Juan 11:35–36   Juan 13:4–5

Juan 20:21–22

¿Qué es un sacramento?

Un sacramento en sentido amplio puede ser cualquier persona, evento o cosa a través del cual experimentamos o nos encontramos con Dios de una manera nueva o más profunda. Un atardecer, un momento sereno de oración, una tormenta, el nacimiento de un niño, una conversación espiritual con un amigo íntimo, etc. Todas esas cosas tienen el potencial de revelarnos a Dios de una manera nueva y más profunda.

En sentido amplio, por tanto, podemos decir que una experiencia sacramental es un encuentro con Dios a través de una experiencia humana que de alguna forma nos cambia. Y, en cierto modo, cualquier experiencia humana puede ser ocasión para un encuentro humano-divino.

CIC 1084, 1087, 1113–34, 1210–12, 1420–21, 1533–35

ADULTOS

- Juan 13:4–5 ("[Jesús] tomando una toalla, se la ciñó. Luego echó agua en un lebrillo y se puso a lavar los pies de los discípulos…") –Jesús demostró mediante este acto físico su liderazgo de sirviente. En sus tiempos, puede ser que uno ofreciera, como signo de hospitalidad o bienvenida, agua con la que lavarse los pies, pero lavar los pies de otro era un signo de humildad y hasta de esclavitud. También puede representar la purificación.

- Juan 20:21–22 ("[Jesús] sopló sobre ellos y les dijo: 'Recibid el Espíritu Santo.'") –El Espíritu Santo con frecuencia se transmite en forma de un soplo de aliento o de viento. Ello recuerda el aliento y el viento de vida presentes en la creación (Génesis 1:2, 2:7).

Aclare los significados de *signo* y *símbolo*. Comience con ejemplos familiares, quizás pidiéndoles a los participantes que den algunos. Por ejemplo, las señales viales ayudan a desplazarse en un complejo sistema del tráfico. Sin ellas, muchas vías, muchos carriles de salida y puntos de referencia no se distinguirían o pasarían inadvertidos. Sin embargo, con simplemente situar una señal no crearemos una senda o una intersección—o, lo que es *peor*, poner una señal equivocada puede causar confusión o lesiones. El signo tiene que transmitir de modo claro y preciso la verdad subyacente. *Este papel de los signos y los símbolos en nuestra búsqueda del conocimiento y la verdad es de enorme importancia.*

Los Sacramentos: una introducción

Comparta estas respuestas con los participantes según se necesite:

- Mateo 8:1–3 ("[Jesús] extendió la mano, le tocó y dijo: 'Quiero, queda limpio.'") – Cristo utilizó la imposición de las manos y las palabras de invocación para poner de manifiesto la sanación.

- Marcos 10:13–16 ("Y abrazaba a los niños, y los bendecía poniendo las manos sobre ellos.") –Jesús acogió a los niños en la comunidad y los bendijo al tocarlos y abrazarlos.

- Lucas 9:12–17 ("Tomó entonces los cinco panes y los dos peces, y levantando los ojos al cielo, pronunció sobre ellos la bendición y los partió, y los iba dando a los discípulos…") –Jesús multiplicó la comida y alimentó a una multitud practicando la oración y la distribución de obsequios materiales.

- Juan 9:6–7 ("[Jesús] escupió en tierra, hizo barro con la saliva, y untó con el barro los ojos del ciego y le dijo: «Vete, lávate en la piscina de Siloé» (que quiere decir Enviado). Él fue, se lavó y volvió ya viendo.") –Jesús realizó la sanación y restauró la visión mediante la acción física del lavado con agua.

- Juan 11:35–36 ("Jesús se echó a llorar.") –Jesús demostró su amor por sus amigos (nosotros) por medio de emociones humanas naturales.

Los sacramentos son expresión de la gracia de Dios

Explique que "La gracia es una *participación en la vida de "Dios""* (*CIC* 1997). El *Catecismo* describe diferentes tipos de gracia (*CIC* 1996–2005): la *gracia santificante*, a veces llamada *gracia justificante* o *habitual*, la cual es requisito para el Cielo; *las gracias actuales*, que son actos individuales de Dios que nos ayudan y fortalecen; *las gracias sacramentales*, "dones propios de los distintos sacramentos"; y las *gracias especiales*, o *carismas*, las cuales sirven al bien común de la Iglesia (*CIC* 2003, 799–801).

Los sacramentos son expresión de la gracia de Dios

En el siglo V, san Agustín definió el *sacramento* como un "signo visible de la gracia invisible". Para entender qué es un *sacramento* necesitamos entender también qué es la **gracia**. La gracia es el don del amor y la presencia de Dios en el que participamos de una manera cada vez más profunda. Es "la ayuda que Dios nos da para responder a nuestra vocación de convertirnos en sus hijos adoptivos. La iniciativa divina de la gracia precede, prepara y obtiene nuestra libre respuesta de fe y compromiso" (*Catecismo Católico de los Estados Unidos para adultos*, glosario, p. 549).

La gracia es una relación entre Dios y nosotros. Nuestra parte de la relación se desarrolla gradualmente, pero en realidad es una respuesta a un amor que siempre ha estado ahí. El don de la gracia de Dios es un regalo totalmente libre y al que siempre tendremos acceso. Depende de nosotros aprovechar correctamente ese don. Nuestras decisiones afectarán a nuestra salvación eterna. Expresamos y celebramos nuestra aceptación de esa salvación justo a través de los sacramentos.

- Piensa en algún momento en que hayas sentido el amor de Dios a través de una persona, un hecho concreto o un objeto físico.
- Da un ejemplo de cómo Dios se ha servido de ti para mostrar su amor a otros.

Jesús como sacramento

Aquellos que siguieron a Jesús por primera vez encontraron a Dios y su presencia de una manera nueva a través de su cuerpo humano. Jesús fue para ellos —y lo es para nosotros— el *sacramento* de Dios. En Jesús, encontramos a Dios y la presencia de Dios. Jesús es el más grande sacramento al cual todos los demás hacen referencia.

"En el principio existía la Palabra y la Palabra estaba junto a Dios, y la Palabra era Dios. (...) Y la Palabra se hizo carne y puso su Morada entre nosotros, y hemos contemplado su gloria, gloria que recibe del Padre como unigénito, lleno de gracia y de verdad".

Juan 1:1, 14

- ¿De qué forma has encontrado la presencia y el amor de Dios a través de Jesús?

La Iglesia como sacramento

Al reflexionar en esta relación especial, la Iglesia descubrió su vocación específica: así como Jesús usó su cuerpo físico para realizar la misión que el Padre le confió, así ahora la Iglesia se sirve de sus miembros (el Cuerpo Místico) como un instrumento de salvación. Sus fieles son "sacramentos" para el mundo. Los sacramentos son expresiones materiales de las realidades espirituales. Así como en su momento estuvo en la tierra el cuerpo físico de Cristo, así también la Iglesia está llamada a ser un signo físico de la realidad espiritual que es la presencia de Cristo en el mundo en nuestros días.

- ¿De qué forma tu comunidad parroquial es signo del amor de Cristo hacia los demás?

¿Cuáles son los siete sacramentos?

La Iglesia Católica tiene siete sacramentos oficiales. Son el Bautismo, la Confirmación, la Eucaristía, la Penitencia y Reconciliación, la Unción de los Enfermos, el Matrimonio y las Sagradas Órdenes. Por lo general se agrupan en tres categorías:

Sacramentos de iniciación
Estos sacramentos celebran y nos introducen en la vida cristiana. Si bien la mayoría de los católicos reciben estos sacramentos a lo largo de varios años en ceremonias separadas, los catecúmenos reciben todos en la misma ceremonia durante la Vigilia Pascual.

¿Cuáles son los siete sacramentos?

Repase la clasificación de los sacramentos en grupos y haga la observación de que serán presentados en ese orden: primero los de iniciación, después los de sanación, y, finalmente, los de servicio. Los símbolos, pasos rituales y significados de cada sacramento se encuentran en las siguientes lecciones (C3-9).

Mencione que cada sacramento tiene *materia* y *forma* (material y acción) que le son propias. (Se pudiera mostrar un breve gráfico.) Si bien ellos no pueden contener plenamente los misterios que sustentan, son *medios* necesarios para que los efectos se hagan presentes (por ejemplo, sin agua no hay bautismo). En la siguiente lección (C3: Bautismo) se explica por qué los candidatos cristianos no se "rebautizan" –es imposible deshacer o volver a hacer una obra divina.

- El *Bautismo* nos incorpora a la Iglesia y nos hace renacer como hijos e hijas de Dios.

- La *Confirmación* es una continuación, ratificación y un nuevo sello del Bautismo. Nos ayuda a darle mayor importancia a la dimensión misionera de nuestro compromiso bautismal.

- La *Eucaristía* Eucaristía es el principal sacramento a partir del cual todos los demás tienen sentido. En la Eucaristía, es donde Cristo está presente en la Iglesia de la forma más profunda, la cual se reúne para escuchar la Palabra de Dios y recibir en comunidad el alimento del Cuerpo de Cristo.

Sacramentos de sanación

Estos sacramentos celebran y nos revelan el poder de Dios para sanar nuestra alma y nuestro cuerpo.

- El sacramento de *la Penitencia y la Reconciliación* se centra en el perdón en nuestras vidas y en nuestra aceptación de ese perdón. Lo anterior, después de habernos alejado de Dios, nos lleva de nuevo a la salud espiritual en el seno de la comunidad cristiana.

- La *Unción de los enfermos* tiene lugar cuando los representantes de la comunidad se reúnen para orar por los enfermos e imponerles las manos, porque la Iglesia, como Cristo, desea la salud la persona humana completa.

Sacramentos del servicio

These sacraments celebrate the Christian vocation of service and consecrate us to minister within our own families and within the wider Church community.

- El *Matrimonio* celebra y da testimonio de la alianza de amor entre dos personas y es un símbolo de la alianza de amor entre Cristo y su Iglesia.

- Las *Sagradas Órdenes* (ordenación) son un sacramento de servicio por el cual algunos son llamados por Dios, a través de la Iglesia, a ser líderes espirituales.

Se profundizará en cada uno de estos sacramentos en las páginas y lecciones siguientes.

¿Cómo "funcionan" los sacramentos?

La explicación tradicional es que causan el *efecto* que simbolizan. Por ejemplo, vertir el agua o la inmersión en esta durante el rito del Bautismo simbolizan que el alma es limpiada del pecado; al mismo tiempo, Dios está haciendo que dicha limpieza tenga lugar. Tanto la imposición de las manos *como* la unción en el rito de Confirmación *simbolizan y hacen que tenga lugar* el fortalecimiento cristiano de quien recibe este sacramento gracias a un especial don del Espíritu Santo. Esto sucede "independientemente de la santidad personal del ministro (…) los frutos de los sacramentos dependen también de las disposiciones del que los recibe" (CIC 1128).

Los sacramentos celebran la vida de la comunidad

La Iglesia enseña que los siete sacramentos fueron instituidos por Cristo. Los sacramentos provienen de acciones realizadas por Cristo durante su vida. Por ejemplo, el Bautismo tiene su raíz en el bautismo de Cristo en el Jordán y de la forma en que Jesús reunió a una comunidad en torno a sí. También nos recuerda el mandamiento del Señor ya resucitado de llevar el Evangelio a otros y bautizarlos. La Eucaristía evoca la Última Cena. El Evangelio también habla de otras comidas a las que Jesús fue invitado incluso con comensales rechazados por la sociedad. El sacramento de la Penitencia y la Reconciliación nos recuerda la invitación de Jesús a perdonarnos entre nosotros y nos recuerda cómo él mismo perdonó a quienes lo condenaron a muerte.

Los sacramentos también emanan de los valores y enseñanzas de Jesús. El Señor elevó valores y experiencias conocidos, como el perdón, la preocupación por los enfermos, el matrimonio y el servicio, a nuevos niveles. Transformó los valores humanos ordinarios en valores espirituales ayudando a la gente a ver el amor de Dios a través de ellos. Cuando celebramos los sacramentos, nosotros al igual que los primeros seguidores de Jesús tenemos oportunidad de encontrarlo a través de la aceptación de los valores que él vivió y afirmó. En ese encuentro, Jesús se nos hace presente como estuvo presente en la Iglesia de los inicios.

¿Cómo "funcionan" los sacramentos?

Establezca la diferencia entre gracia sacramental y superstición (*CIC* 2110–11, 2138).

Dé respuestas simples y francas si los participantes expresan preocupaciones con respecto a la doctrina y la práctica sacramentales. Remítalos al párroco si se plantean cuestiones complejas o de índole pastoral.

Los sacramentos celebran la vida de la comunidad

Pida a los participantes que pongan ejemplos de rituales personales, sociales o culturales tales como cumpleaños, bodas y tradiciones asociadas a los días feriados. Pregunte entonces, "¿Qué de bueno mantienen estos actos en el seno de su familia o 'comunidad?'". Explique que los sacramentos tienen la misma función y propósito.

Pegunte a los participantes, "¿Qué le atrae de los sacramentos de la Iglesia? ¿Qué beneficios ve en obtener cada uno de los siete sacramentos?"

Invite a candidatos, espónsores o líderes para que cuenten sus experiencias con los sacramentos (por ejemplo, el bautismo, la Eucaristía, el matrimonio).

Comparta estas respuestas a los signos de amor de Jesús, de ser necesario:

- Marcos 14:3–9 ("una mujer que traía un frasco de alabastro con perfume puro de nardo, de mucho precio; quebró el frasco y lo derramó sobre su cabeza…Jesús dijo, '…Ha hecho una obra buena en mí.'") –La mujer, consciente de la inminente muerte de Jesús, respondió a su amoroso sacrificio preparando su cuerpo para la sepultura.

- Lucas 7:36–39 ("[La mujer pecadora] poniéndose detrás [de Jesús] a los pies de él, comenzó a llorar, y con sus lágrimas le mojaba los pies y con los cabellos de su cabeza se los secaba; besaba sus pies y los ungía con el perfume.") –Esa mujer respondió al perdón y la misericordia de Cristo con un signo (físico) de amor.

- Lucas 10:38–42 ("Tenía ella una hermana llamada María, que, sentada a los pies del Señor, escuchaba su Palabra. Marta estaba atareada en muchos quehaceres… Le respondió el Señor: '…María ha elegido la parte buena…'") – Ambas hermanas respondieron a la presencia y la amistad de Jesús: Marta con hospitalidad, María con camaradería y devoción.

- Lucas 5:27–32 ("Él, dejándolo todo, se levantó y le siguió. Levi le ofreció en su casa un gran banquete…") –Levi (Mateo) respondió a la invitación de Cristo con un cambio total de vida, entregándose a la función de discípulo y a la celebración de la presencia del Señor.

Cuando Jesús instituyó los sacramentos e hizo a Pedro cabeza de la Iglesia, dio a los Apóstoles, y por ende a los sucesores de estos para dirigir la Iglesia, la misión y la autoridad para ejercer el ministerio y preservar los sacramentos.

Sacramentos que celebran la vida de la comunidad

Cada sacramento celebra a través de ritos y símbolos algo que está sucediendo en la vida de las personas que pertenecen a la comunidad que los celebra. Por ejemplo, la Eucaristía fortalece la unidad de los cristianos cuando la reciben. Celebra la presencia de Dios que nos alimenta en este momento de la historia. Los sacramentos celebran la vida de la comunidad ahora.

Aunque los sacramentos nos benefician como individuos, también traen vida a toda la Iglesia. Como miembros del cuerpo de Cristo, cuando nos fortalecemos individualmente, la familia de Dios también se fortalece como un todo (CIC 1134). Los sacramentos son algo más que una celebración litúrgica que tiene lugar en un momento dado. Son símbolos siempre vivos del amor de Dios que se hace visible a nosotros y a través de nosotros.

- Cuando experimentas el amor de Dios, ¿cómo respondes?

Buscar a Jesús y responder a las señales de amor que nos manda mantendrá viva y fuerte nuestra relación con Dios. Lee estos ejemplos de personajes de la Biblia que respondieron a las señales de amor de Jesús.

Marcos 14:3–9	Lucas 7:36–39
Lucas 10:38–42	Lucas 5:27–32

Reflexiona en un clima de oración en la siguiente pregunta. Puedes escribir la respuesta en tu diario:

- ¿Cómo pueden ayudarme los sacramentos a mantener mi corazón abierto al amor de Dios?

Jornada de Fe para adultos: Catecumenado, C2 (826924)
Imprimi Potest: Stephen T. Rehrauer, CSsR, Provincial de la Provincia de Denver.
Imprimatur: "Conforme al C. 827, Mons. Edward Rice, obispo auxiliar de St. Louis, concedió el Imprimátur para la publicación de este libro el 17 de mayo de 2016. El Imprimátur es un permiso para la publicación que indica que la obra no contiene contradicciones con las enseñanzas de la Iglesia Católica, sin embargo no implica la aprobación de las opiniones que se expresan en ella. Con este permiso no se asume ninguna responsabilidad". *Jornada de Fe* © 2000, 2016 Liguori Publications, Liguori, MO 63057. Para hacer pedidos, visite Liguori.org o llame al 800-325-9521. Liguori Publications, corporación no lucrativa, es un apostolado de los Redentoristas. Para saber más acerca de los Redentoristas visite "Redemptorist.com." Todos los derechos reservados. Ninguna parte de esta obra puede ser reproducida, distribuida, almacenada, transmitida o publicada en ningún medio sin previo permiso por escrito.
Edición del 2016: Denise Bossert, Julia DiSalvo, and Joan McKamey. Arte/Diseño: Lorena Mitre Jiménez. Imágenes: Shutterstock. © Copyright 1993, 2005, 2016 Libros Liguori, Liguori, MO 63057. www.liguori.org. Todos los derechos reservados. Publicado con licencia eclesiástica. Textos de la Escritura tomados de la *Biblia de Jerusalén Latinoamericana*, Desclee de Brower, Bilbao, España. Todos los derechos reservados. Los textos del Catecismo de la Iglesia Católica y demás textos pontificios fueron tomados con permiso de *Librería Editrice Vaticana*, versión en español. Impreso en los Estados Unidos de América
20 19 18 17 16 / 5 4 3 2 1 Tercera edición.

LIBROS LIGUORI

Diario

Anime a los participantes a reflexionar sobre la pregunta durante toda la semana. Recuérdeles buscar inspiración e ideas en las Escrituras, las cuales están llenas de gente que experimentaron y respondieron al amor de Dios (ver actividad de la lección).

Oración final

Pida al grupo que formulen sus intenciones particulares y después recen el Gloria (Doxología). Esta sencilla oración proclama la fiel presencia de Dios en nuestras vidas — ayer, hoy y mañana.

Tarea

La siguiente lección, C3: *El Sacramento del Bautismo*, se centra en el primer y fundamental sacramento que da inicio a nuestra vida en Cristo. Inste a cada participante a conversar con su espónsor o con otro miembro de la feligresía de la parroquia acerca de por qué la vida sacramental de la Iglesia es tan grande bendición.

Catecismo: 1212–84

Objetivos

Los participantes…

- reconocerán que el bautismo es necesario para la salvación y para convertirse en miembro de la Iglesia.

- aceptarán que el bautismo es el comienzo de nuestra vida (de gracia) en Cristo y arrasa con la vieja persona, con el pecado, y con el poder de la muerte.

- trazarán paralelismos entre los signos del bautismo, su sindicación bíblica y su significación.

Meditación del maestro

Marcos 1:4–11

La mayoría de los católicos no pueden recordar su propio bautizo. Así todo, durante toda la duración de nuestra jornada repasamos y rehacemos las promesas hechas por nosotros por nuestros padres y padrinos. Renueve ahora sus promesas bautismales y rece por la gracia y la fuerza para convertirse en todo aquello para lo que Dios le ha creado.

Preparación del maestro

- Lea la lección, este plan de clase, la lectura inicial y las secciones del *Catecismo*.

- Familiarícese con los términos: bautismo, pecado original, crisma. Las definiciones las puede encontrar en el glosario de esta guía.

- Obtenga una copia de las promesas bautismales para reflexionar sobre ellas durante la oración final.

Bienvenida

Salude a cada persona según van llegando. Chequee los materiales y todo lo que pueda necesitar de inmediato. Pida que formulen preguntas o comentarios sobre la sesión precedente y/o compartan nuevas informaciones y conclusiones. Empiece rápidamente.

Lectura inicial

Marcos 1:4–1

Encienda la vela y lea el pasaje en voz alta. Conceda tiempo para guardar un momento de silencio y entonces señale que hasta Jesús aceptó el bautismo por y dentro de la comunidad de fe. Puede mencionar también que su Presentación en el Templo cuando niño (Lucas 2:22-38) refleja similarmente su apego a la tradición religiosa. Pregunte a los participantes "¿Cómo pudiera esto ser reflejo de la necesidad del bautismo? ¿Qué hace especial a este sacramento?"

> La fe que se requiere para el Bautismo no es una fe perfecta y madura, sino un comienzo que está llamado a desarrollarse. Al catecúmeno o a su padrino se le pregunta: "¿Qué pides a la Iglesia de Dios?" y él responde: "¡La fe!".
>
> *CIC 1253*

Jornada de Fe

En breve:

- El Bautismo marca nuestro ingreso al Cuerpo de Cristo y a la familia de Dios.

- A través del Bautismo, morimos al pecado y nacemos a una vida nueva en Cristo.

- Los signos del rito son agua, aceite, una vestidura blanca y un cirio encendido.

- *Menciona una parte de tu vida que cambiaría si murieras al pecado y vivieras para Cristo.*

El sacramento del Bautismo

La palabra **"bautismo"** significa "sumergirse" en la muerte y resurrección de Cristo. Jesús llamó a su muerte y resurrección un bautismo: "Con un bautismo tengo que ser bautizado y ¡qué angustiado estoy hasta que se cumpla!" (Lucas 12:50).

Se da una doble acción en nuestra redención: el *descenso* de Cristo a su tumba por nuestros pecados y su *regreso a la vida*, glorioso, triunfante, inmortal. A través del Bautismo, los cristianos se unen a su muerte redentora y al don de la vida de su resurrección.

San Pablo subraya que el Bautismo es el inicio de una unión vital con el Señor resucitado. El hombre viejo pecador muere para que pueda nacer de nuevo y conformarse con Cristo.

Lee los siguientes pasajes y reflexiona en lo que nos dicen sobre ser sepultados con Cristo, morir al pecado y resucitar a la nueva vida en Cristo:

Romanos 6:4   Romanos 6:6–7

Romanos 6:9–11

Bautizados en el Cuerpo de Cristo

Para los cristianos, la comunidad ha sido siempre una parte esencial de la vida. Cristo está al centro y la comunidad se construye en torno a él. El Bautismo es la puerta por la que entramos a formar parte de la comunidad y nos convertimos en miembros del Cuerpo de Cristo, la Iglesia. Una vez bautizados, compartimos los privilegios y la vida de esta comunidad de creyentes.

Mucha gente piensa en el Bautismo como un asunto familiar y privado; pero el Bautismo nos une de una manera profunda y eterna con una familia mucho más grande: la familia de Dios.

Herederos del Reino de Dios

El Bautismo es el signo de salvación que Cristo nos dio para llevarnos al Reino de Dios (ver Juan 3:5). Una persona entra "en Cristo" (Romanos 6:3, Gálatas 3:27) cuando es bautizada y recibe al mismo tiempo el don del Espíritu.

"…somos hijos de Dios. Y, si hijos, también herederos: herederos de Dios y coherederos de Cristo, si compartimos sus sufrimientos, para ser también con él glorificados".

Romanos 8:16–18

Como hijos e hijas adoptivos de Dios, los cristianos participan de hecho en la misma relación de Cristo con su Padre, una relación tan íntima que ellos, como Jesús, pueden abiertamente y con plena confianza llamar al Señor de los cielos, "Padre".

CIC 1212–84

El sacramento del Bautismo

Conceda a los participantes tiempo para completar la actividad de esta sección por sí mismos. Pasen entonces a la discusión en grupo.

Comparta estas respuestas con los participantes, según se necesite:

- Romanos 6:4 ("Fuimos, pues, con él sepultados por el bautismo en la muerte, a fin de que, al igual que Cristo fue resucitado de entre los muertos por medio de la gloria del Padre, así también nosotros vivamos una vida nueva.") –el Bautismo es una muerte espiritual o entierro al pecado y una resurrección en la fe y la gracia (salvación).

- Romanos 6:6–7 ("sabiendo que nuestro hombre viejo fue crucificado con él, a

- fin de que fuera destruido este cuerpo de pecado y cesáramos de ser esclavos del pecado.") –en el Bautismo, unimos nuestro ser caído con la crucifixión de Cristo, la cual nos redime de todo pecado.

- Romanos 6:9–11 ("Su muerte fue un morir al pecado, de una vez para siempre; mas su vida, es un vivir para Dios. Así, también vosotros, consideraos como muertos al pecado y vivos para Dios en Cristo Jesús.…") –el Bautismo nos llama y nos empodera para ser discípulos de Cristo y vivir una vida de virtud.

Bautizados en el Cuerpo de Cristo

Ponga énfasis en que el bautismo involucra a la comunidad de creyentes, así como a la persona que se bautiza.

¿Los protestantes necesitan volver a bautizarse al entrar la Iglesia Católica?

Recuerde a los participantes, si es necesario, por qué un cristiano nunca es bautizado más de una vez. Se trata, en esencia, de que los efectos de la obra divina del sacramento no pueden nunca ser anulados y son, por tanto, permanentes (ver la lección C2). Explique que los católicos bautizados que desean regresar a la participación activa solo necesitan recibir el sacramento de la penitencia y después, si es necesario, completar su iniciación solicitando la eucaristía y la confirmación (en ocasiones a través del *RICA*).

Acuda al párroco siempre que haya dudas con respecto a la validez bautismal. Cualquier participante cuya ceremonia o certificación bautismal esté en duda puede tener la opción de recibir el bautismo (válido) en una ceremonia privada durante la Vigilia Pascual (*National Statutes for the Catechumenate*, 37; Canon 869).

¿Qué sucede durante el rito del Bautismo?

Discuta los símbolos y gestos conectados con el bautismo: el sagrado crisma, las vestiduras blancas, el cirio pascual, el derramamiento o la inmersión en agua, las palabras *Yo te bautizo en el nombre del Padre…* Repase sus significados y enfatice en su significación. Pregunte, "¿Por qué es el agua el símbolo perfecto de una nueva vida? ¿Cómo pudieran ser estos símbolos y gestos –y el propio sacramento- una fuente de esperanza?"

- Como hijo y heredero de Dios, ¿qué riquezas vas a heredar gracias al Bautismo?

- ¿Qué responsabilidades conllevan dichas riquezas?

¿Los protestantes necesitan volver a bautizarse al entrar la Iglesia Católica?

En principio, no. *El Rito de Iniciación Cristiana para Adultos* explica: "[el Bautismo] es también vínculo sacramental de la unidad que existe entre todos los que son marcados con él. Este efecto indeleble [hace que] el rito del Bautismo merezca el sumo respeto de todos los cristianos y no esté permitida su repetición cuando se ha celebrado válidamente, aunque lo haya sido por hermanos separados" (*Introducción general*, 4). Los protestantes que desean entrar a la Iglesia Católica son nuevamente bautizados solo si existe una duda fundada sobre la validez de su Bautismo.

El Bautismo imprime el carácter de Cristo, por lo que es permanente e irrevocable. Como escribió san Pablo, hay "Un solo Señor, una sola fe, un solo bautismo, un solo Dios y Padre de todos, que está sobre todos, actúa por todos y está en todos" (Efesios 4:5–6).

¿Qué sucede con la gente que no está bautizada?

Los católicos creen que la misericordia de Dios puede suplir la ausencia del Bautismo de una forma que no nos ha sido revelada.

Los católicos también creen. Los católicos creen que los niños que no han sido bautizados, son confiados a la omnipotencia y a la bondad infinita de Dios que quiere que todos sus hijos estén con él en el cielo. Por un tiempo algunos sostenían la teoría de que los niños que morían sin bautizar eran excluidos del cielo y pasaban la eternidad en un estado de felicidad natural llamado *limbo*. Esta teoría nunca fue enseñada explícitamente por la Iglesia.

Los católicos también creen en:

- "bautismo de sangre" (morir por la fe católica antes del Bautismo).

- "Bautismo de deseo" (aquellos que "ignorando sin culpa el Evangelio de Cristo y su Iglesia, buscan, no obstante, a Dios con un corazón sincero y se esfuerzan, bajo el influjo de la gracia, en cumplir con obras su voluntad, conocida mediante el juicio de la conciencia" [*Lumen Gentium*, 16]).

¿Qué sucede durante el rito del Bautismo?

Los sacramentos no solo "simbolizan" algo, sino que hacen que eso suceda realmente. Son signos eficaces, tienen un efecto real. El signo de verdad realiza aquello que significa.

En el Bautismo, el signo esencial es vertir el agua tres veces sobre la cabeza de la persona o sumergir al candidato en el agua tres veces diciendo las palabras: "Yo te bautizo en el nombre del Padre y del Hijo y del Espíritu Santo".

¿Por qué el agua?

Conocemos la importancia del agua para la *vida*. Sabemos también que una persona puede vivir varias semanas sin comida, pero solo unos cuantos días sin agua. El agua es el principal elemento que compone a un tejido, ni más ni menos que el 99%. No sorprende, por ello, que nuestro Señor haya elegido el agua para representar el inicio de la nueva vida en Cristo.

Pero el agua también nos recuerda la *muerte* (inundaciones, morir ahogado). Esta es otra razón por la que nuestro Señor escogió el agua para representar la muerte del hombre viejo y el inicio de la nueva vida en Cristo.

Las aguas del Bautismo nos recuerdan que Cristo nos ha lavado del pecado y reconciliado con Dios. En el Bautismo, nuestros pecados son lavados, incluso **el pecado original**, esto es, la condición caída de toda la humanidad.

¿Por qué el agua?

Explique el significado de *pecado original* (CIC 416–18). Asegúrese de que los participantes entiendan el pecado original en la forma en que se relaciona con sus vidas. Diga simplemente que nuestra naturaleza humana nos hace imperfectos.

Discuta la importancia del agua en el sacramento del Bautismo. ¿Por qué es el agua el símbolo perfecto de una nueva vida? (*Las respuestas sugeridas incluyen: El agua simboliza la limpieza que tiene lugar durante el bautismo. Cristo nos limpia y libera del pecado y, a través del bautismo, se eliminan tanto el pecado original como todos nuestros pecados personales.*)

Puede que también desee discutir la importancia del signo (el derramamiento del agua o la inmersión en agua) y las palabras (Yo te bautizo en el nombre del Padre…" (*Las respuestas sugeridas incluyen: El derramamiento o la inmersión nos recuerda que nuestros pecados están siendo borrados. Mediante la invocación a la Santísima Trinidad, la Iglesia "pide a Dios que, por medio de su Hijo, el poder del Espíritu Santo descienda sobre esta agua" (CIC 1238). La importancia de la Trinidad puede enfatizarse vertiendo tres veces el agua sobre el bautizado o sumergiéndole en agua tres veces.*)

La unción, las vestiduras blancas y el cirio encendido

Si el Bautismo se celebra separado de la Confirmación, como sucede con los bebés o los niños, el ministro unge a los recién bautizados con el crisma, que es una mezcla consagrada por el obispo  de aceite de oliva y bálsamo. La unción es un signo de que Dios "nos marcó con su sello y nos dio en prenda el Espíritu en nuestros corazones" (2 Corintios 1:22). Es un signo de que la persona bautizada comparte la misión real, profética y sacerdotal de Cristo.

Después del agua del Bautismo, el ministro presenta al recién bautizado una *vestidura blanca* y un cirio. La vestidura blanca representa que ha tenido  lugar una nueva creación y que el recién bautizado se ha revestido de Cristo: "Los que se han bautizado en Cristo se han revestido de Cristo" (Gálatas 3:27).

El cirio se enciende en el Cirio Pascual, el cual representa a Cristo resucitado. El cirio encendido es un recordatorio de que Cristo, la luz del mundo, es su luz y que deben "vivir como hijos de la luz" (cf. Efesios 5:8).

Un poco de historia sobre el Bautismo de los adultos

Las persecuciones sangrientas y las herejías (doctrinas desviadas) eran una amenaza para los conversos, especialmente para aquellos que habían recibido poca instrucción en la fe. La Iglesia estableció el catecumenado, un periodo amplio de preparación (algunas veces duraba varios años) para asegurarse de que los candidatos actuaban con recta intención y estaban bien enraizados en la fe.

Cuando el emperador Constantino abrazó el Cristianismo en el 313, muchos comenzaron a entrar a la Iglesia. Esto hizo que se comenzara a abandonar el catecumenado largo.

Hasta hace poco, los adultos que querían entrar a la Iglesia Católica recibían instrucción en privado por parte de algún sacerdote. Después de la Segunda Guerra Mundial, la Iglesia en África afrontó la necesidad de más formación para sus nuevos miembros recurriendo nuevamente al catecumenado.

El Concilio Vaticano II (1962–65) hizo un llamado a la reinstauración del catecumenado en toda la Iglesia. *El Rito de Iniciación Cristiana para Adultos* (el proceso) es obligatorio en los Estados Unidos desde 1988. El RICA ayuda a preparar a aquellos que desean entrar a la Iglesia Católica para seguir a Cristo y les permite integrarse con la vida de la comunidad de la Iglesia.

El Bautismo es "puerta de la Vida y del Reino".

RICA, Introducción general, 3

¿Por qué la Iglesia bautiza a los niños?

El Nuevo Testamento habla de familias enteras que se bautizaron y la palabra griega para "familia" abarca a todos, desde los niños hasta los miembros más ancianos (ver Hechos 16:33; 1 Corintios 1:16). En el siglo II, san Ireneo consideraba algo normal que los bebés y los niños pequeños, al igual que los adultos, debían ser bautizados. La Iglesia considera la invitación de Jesús a recibir el Bautismo como una invitación de amor universal e ilimitado, que alcanza tanto a los niños como a los adultos.

"Ahora bien, para completar la verdad del sacramento conviene que los niños sean educados después en la fe en que han sido bautizados. (…) para que finalmente ellos mismos puedan libremente ratificar la fe en que han sido bautizados."

Rito del Bautismo para niños, 9

La unción, las vestiduras blancas y el cirio encendido

Discuta el significado y la importancia del sagrado crisma, las vestiduras blancas y el cirio pascual. *(Las respuestas sugeridas incluyen: el sagrado crisma se convierte en el signo físico del don del Espíritu Santo; las vestiduras blancas simbolizan que el recién bautizado está "arropado en Cristo" y ha resucitado con Cristo; el cirio pascual simboliza la luz de Cristo en el mundo y el llamado a que el recién bautizado salga y sea luz para el mundo.)*

Explique que el *crisma* es solo uno de los tres aceites benditos o santos. Cada año en la misa crismal del Jueves Santo, el obispo bendice estos aceites que se distribuyen a y se utilizan en las parroquias:

- *El óleo de los catecúmenos* (antes del bautismo)

- *El (sagrado) crisma* (después del bautismo) — aceite de oliva mezclado con bálsamo

- *El óleo de los enfermos* — utilizado en el sacramento de la Unción de los enfermos

El Bautismo es el inicio

Ponga énfasis en que, aunque el bautismo es la culminación del proceso del *RICA*, es en verdad un nuevo comienzo en la vida de fe de cada catecúmeno. Como cristianos, nuestra formación, conversión y crecimiento en la virtud son continuos y duran toda la vida.

JORNADA DE FE   CATECUMENADO

El Bautismo es el inicio

El Bautismo confiere el carácter de Cristo; da a la persona bautizada una participación en la vida de Cristo y lo hace parte de la comunidad de fe. Por ello, debemos ser bautizados antes de poder recibir cualquier otro sacramento.

El Bautismo es el inicio. La persona que se sumerge en la fuente bautismal sale de esta siendo una "nueva creación", poseedora de una nueva vida. Esta nueva vida es el Espíritu Santo que comienza a morar en nosotros dándonos el poder de conocer a Dios y realizar su plan sobre nosotros.

> *"Por tanto, el que está en Cristo, es una nueva creación; pasó lo viejo, todo es nuevo".*
>
> 2 Corintios 5:17

Reflexiona sobre las siguientes preguntas en su diario de oración:

- ¿Qué significa para ti una nueva vida "en Cristo"?
- Si ya estás bautizado, ¿cómo estás creciendo en tu vida "en Cristo"?

Jornada de Fe para adultos: Catecumenado, C3 (826924)
Imprimi Potest: Stephen T. Rehrauer, CSsR, Provincial de la Provincia de Denver.
Imprimatur: "Conforme al C. 827, Mons. Edward Rice, obispo auxiliar de St. Louis, concedió el Imprimátur para la publicación de este libro el 17 de mayo de 2016. El Imprimatur es un permiso para la publicación que indica que la obra no contiene contradicciones con las enseñanzas de la Iglesia Católica, sin embargo no implica la aprobación de las opiniones que se expresan en ella. Con este permiso no se asume ninguna responsabilidad" Jornada de Fe © 2000, 2016 Liguori Publications, Liguori, MO 63057 Para hacer pedidos, visite Liguori.org o llame al 800-325-9521. Liguori Publications, corporación no lucrativa, es un apostolado de los Redentoristas. Para saber más acerca de los Redentoristas visite "Redemptorist.com". Todos los derechos reservados. Ninguna parte de esta obra puede ser reproducida, distribuida, almacenada, transmitida o publicada en ningún medio sin previo permiso por escrito.

Edición del 2016: Denise Bossert, Julia DiSalvo, and Joan McKamey. Arte/Diseño: Lorena Mitre Jiménez. Imágenes Shutterstock © Copyright 1993, 2005, 2016 Libros Liguori, Liguori, MO 63057 www.liguori.org. Todos los derechos reservados. Publicado con licencia eclesiástica. Textos de la Escritura tomados de la Biblia de Jerusalén Latinoamericana, Desclee de Brower, Bilbao, España. Todos los derechos reservados. Los textos del Catecismo de la Iglesia Católica y demás textos pontificios fueron tomados con permiso de Librería Editrice Vaticana, versión en español. Impreso en los Estados Unidos de América.
20 19 18 17 16 / 5 4 3 2 1. Tercera edición.

LIBROS LIGUORI

Diario

Pregunte a los participantes, "¿Cuando uno se convierte en un hijo de Dios, qué riquezas hereda? ¿Qué responsabilidades tiene?". Anímelos a anotar sus pensamientos en su diario.

Oración final

Por turnos, lean y reflexionen sobre cada una de las promesas bautismales. Ponga fin a la sesión con esta plegaria:

Señor Jesucristo, danos la gracia de cumplir nuestras promesas bautismales cada día de nuestras vidas en tanto procuramos morir en nuestro ser y resucitar contigo. Gracias por este sacramento, por lavar el pecado original y el pecado personal y por elevarnos a una vida de gracia. Amén.

Tarea

En algunos momentos de la historia de la Iglesia, la confirmación se celebraba inmediatamente después del bautismo. Para la mayoría de los católicos de cuna de hoy, hay un intervalo entre estos dos sacramentos pero, puesto que ambos son necesarios para una plena iniciación cristiana, son todavía tratados como uno solo en el proceso del *RICA*. Las lecciones C4: *El Sacramento de la Confirmación* y C5: *El Sacramento de la Eucaristía* cubren los dos sacramentos restantes de la iniciación.

C4: El sacramento de la Confirmación

Catecismo: 1285–1321

Objetivos

Los participantes…

- identificarán algunos de los efectos o gracias de la confirmación: sella nuestra identidad de cristianos católicos y nos une en estrecho vínculo con la Iglesia; nos fortalece para crecer en santidad, ser testigos de la fe, y cumplir nuestra vocación, y en otros aspectos que nos empoderan como testigos de nuestra fe.

- describirán los signos—la imposición de las manos y la unción del sagrado crisma –que confieren el sacramento.

- recordarán los siete dones del Espíritu Santo según aparecen reflejados en Isaías 11 (*CIC 1831*) y cómo ellos nos ayudan a vivir como discípulos de Cristo.

Meditación del maestro

Hechos 8:14–17

Todos los católicos confirmados han sido testigos del cumplimiento de la promesa de Jesús de enviarnos el Espíritu Santo. Este Espíritu llega, como fue prometido, con el poder de convertirnos en testigos ante el mundo entero. El testimonio de usted –o sea, su vida diaria llena de amor y centrada en Cristo- es su mejor herramienta para transmitir la fe a las personas que están bajo su orientación.

Preparación del Maestro

- Lea la lección, este plan de clase, la lectura inicial y las secciones del *Catecismo.*

- Si bien en toda la lección se discute la *Confirmación,* el término aparece también definido en el glosario de esta guía.

- Revise las orientaciones de la Iglesia con respecto a los espónsores, los padrinos y la elección de un nombre sacramental o de santo. En las guías para el maestro de la *Jornada de Fe* se discute lo anterior, y en el plan de clase de *Q 15: Los Santos* se explican las normas para la asignación del nombre en el contexto del *RICA*. Instruya a los catequistas y espónsores, según se necesite. Si los participantes preguntaran acerca de estas tradiciones, anímelos a aceptar su (s) nombre(s) actual(es) y a consagrarse a cualquier santo de su elección.

Bienvenida

Salude a cada persona según vayan llegando. Chequee los suministros y las necesidades inmediatas. Pídales que formulen preguntas o comentarios acerca de la sesión anterior y/o comparta con ellos nuevas informaciones y conclusiones. Comience la sesión rápidamente.

Lectura inicial

Hechos 8:14–17

Encienda la vela y lea cada pasaje en voz alta. Explique que la acción simbólica descrita aquí, la imposición de las manos, sigue siendo hoy parte fundamental del rito de la Confirmación. También se usa en el sacramento del orden sagrado para conferir el Espíritu y un poder y autoridad especiales. Pregunte "¿Qué dones o habilidades espero obtener como católico de pleno derecho?"

> La recepción del sacramento de la confirmación es necesaria para la culminación de la gracia bautismal, puesto que "la Confirmación los une más íntimamente a la Iglesia y los enriquece con una fortaleza especial del Espíritu Santo."
>
> *CIC 1285*

Jornada de Fe

En breve:

- En la Confirmación, el Espíritu nos da la fuerza para ser sus testigos.

- El sacramento se confiere con la imposición de las manos y la unción.

- Los siete dones del Espíritu Santo nos ayudan a vivir como discípulos de Cristo.

El sacramento de la Confirmación

A muchos de nosotros nos da miedo hablar a otros de nuestra fe en Jesucristo.

Jesús prometió a los apóstoles que les daría el valor necesario para poder hablarles a otros de él: "... al contrario, ustedes recibirán una fuerza, cuando el Espíritu Santo venga sobre ustedes, y de este modo serán mis testigos en Jerusalén, en toda Judea y Samaría, y hasta los confines de la tierra" (Hechos 1:8).

Jesús mantuvo su promesa. Cuando los apóstoles recibieron al Espíritu Santo, inmediatamente salieron a predicar la Buena Nueva. Olvidaron sus reticencias y miedos.

"Al llegar el día de Pentecostés, estaban todos reunidos con un mismo objetivo. De repente vino del cielo un ruido como una impetuosa ráfaga de viento, que llenó toda la casa en que se encontraban. Se les aparecieron unas lenguas como de fuego que se repartieron y se posaron sobre cada uno de ellos; se llenaron todos de Espíritu Santo y se pusieron a hablar en diversas lenguas, según el Espíritu les concedía expresarse".

Hechos 2:1–4

Cristo cumple la promesa que nos hizo a través del sacramento de la Confirmación. En la Confirmación recibimos el valor y otros dones del Espíritu Santo que necesitamos para ser testigos de Cristo en nuestra vida cotidiana.

- *¿Qué tan cómodo te sientes hablándole a otros de tu fe?*

Confirmados como Testigos

La palabra **confirmación** significa "fortalecimiento"; el Catecismo dice que el sacramento de la Confirmación "al mismo tiempo confirma el Bautismo y robustece la gracia bautismal" (*CIC* 1289). Los creyentes tienen al Espíritu, que es el aliento de Dios en nosotros, desde el Bautismo. Pero en la Confirmación, el Espíritu es el aliento divino que acompaña nuestras palabras, dándonos el poder para alzar nuestra voz como testigos.

Un testigo da testimonio de lo que él o ella ha conocido por propia experiencia. Los cristianos pueden dar testimonio de distintas formas, desde las más sencillas, como ofrecer una palabra de aliento o preocuparse por los demás, hasta las más exigentes como morir confesando su fe en el martirio. El testigo cristiano es un creyente que da testimonio de su convicción fundamental de fe: que Jesucristo crucificado y resucitado es vida y esperanza para el mundo.

"En efecto, a los bautizados 'el sacramento de la Confirmación los une más íntimamente a la Iglesia y los enriquece con una fortaleza especial del Espíritu Santo. De esta forma quedan obligados aún más, como auténticos testigos de Cristo, a extender y defender la fe con sus palabras y sus obras'".

CIC 1285

CIC 1285–1321

El sacramento de la Confirmación

Lea en voz alta los párrafos introductorios y pregunte después a los participantes cómo se sienten cuando el tema de la fe sale a relucir en situaciones sociales. ¿Es difícil hablar de ello? ¿Pueden proclamar abiertamente su fe en presencia de otros o prefieren (como los apóstoles en el cenáculo) guardarse para sí mismos su formación religiosa y/o su espiritualidad? ¿Qué valor necesitan para practicar su fe?

Enfatice que la confirmación es un sacramento de iniciación; culmina lo que el bautismo comienza.

Discuta los modos en que la confirmación continúa o completa nuestro bautismo. (*A través del Espíritu Santo recibimos el valor para vivir nuestra fe y evangelizar a otros.*) San Agustín nos da pistas acerca de la diferencia cuando explica que en el bautismo nos mezclamos con el agua para que podamos convertirnos en la forma del pan, el cuerpo de Cristo. Pero el pan, señala él, tiene que ser horneado en fuego y ese fuego nos lo da "el sacramento del Espíritu Santo" el cual se manifestó con lenguas de fuego.

Confirmados como Testigos

Explique que la Confirmación es un sacramento de testimonio y madurez cristianos. Los dones del Espíritu Santo los empoderarán para su inmersión más plena en la vida de la Iglesia.

Defina al Espíritu Santo como "aliento de Dios" (*ruah*) para que los participantes puedan comprender la referencia que se hace en la lección al Espíritu como "nuestro aliento-Dios…el aliento que está detrás de la palabra y nos da el poder de alzar nuestras voces para dar testimonio."

¿Cómo se celebra el sacramento?

Ponga énfasis en que los tres sacramentos de la iniciación (Bautismo, Confirmación y Eucaristía) son el fundamento sobre el que se asienta toda vida cristiana católica. Nosotros renacemos con el Bautismo, nos fortalecemos con la Confirmación, y recibimos el pan de vida eterna en la Eucaristía (*CIC* 1212).

Aclare, si es necesario, que debido a que las iglesias protestantes carecen de sucesión apostólica, la iglesia católica romana no considera válidas las confirmaciones celebradas en esas denominaciones. Los candidatos con esa formación recibirán una confirmación válida en la Vigilia Pascual. Las personas procedentes de otras iglesias y ritos deben acudir al párroco para determinar sus necesidades.

"...no se preocupen de cómo o qué van a hablar. Lo que tengan que hablar se les comunicará en aquel momento. Porque no serán ustedes los que hablen, sino el Espíritu de su Padre el que hablará en ustedes".

Mateo 10:19–20

Otros elementos de la Confirmación

"...el efecto del sacramento de la Confirmación es la efusión especial del Espíritu Santo, como fue concedida en otro tiempo a los Apóstoles el día de Pentecostés" (*CIC* 1302). El *Catecismo* también señala que la Confirmación:

- "perfecciona la gracia bautismal; es el sacramento que da el Espíritu Santo para enraizarnos más profundamente en la filiación divina, incorporarnos más firmemente a Cristo, hacer más sólido nuestro vínculo con la Iglesia, asociarnos todavía más a su misión y ayudarnos a dar testimonio de la fe cristiana por la palabra acompañada de las obras" (*CIC* 1316).

- "imprime en el alma del cristiano un signo espiritual o carácter indeleble; por eso este sacramento solo se puede recibir una vez en la vida" (*CIC* 1317).

- "la recepción de este sacramento es necesaria para la plenitud de la gracia bautismal" (*CIC* 1285).

¿Cómo se celebra el sacramento?

La Confirmación, por lo general, se celebra durante la Misa. Los adultos que están haciendo el proceso del RICA reciben la confirmación en la Misa de la Vigilia Pascual el domingo de Resurrección. Normalmente el obispo es quien administra el sacramento, pero el sacerdote puede hacerlo también en algunas circunstancias como la Misa de la Vigilia Pascual.

El sacramento de la Confirmación se confiere por la imposición de las manos seguida de una unción en forma de cruz con el crisma en la frente. Cuando el candidato a la Confirmación se acerca al obispo (o al sacerdote), el padrino pone su mano sobre el hombro del candidato como un signo de que lo está presentando de parte de la comunidad cristiana.

Se invoca el poder del Espíritu Santo imponiendo las manos y rezando para que sea enviado el don del Espíritu. La imposición de las manos es un gesto bíblico que refleja la capacidad del cuerpo humano para significar realidades más profundas. En los Evangelios, Jesús sanó a mucha gente después de haberla tocado. Cuando Jesús encontró a dos ciegos, él "tocó sus ojos, y al instante recobraron la vista; y le siguieron" (Mateo 20:34).

Después de la oración para pedir los siete dones del Espíritu Santo, el ministro del sacramento impregna su pulgar con el óleo sagrado (el crisma), hace el signo de la cruz en la frente de quien se va a confirmar y ora diciendo: "[Nombre] recibe por esta señal el don del Espíritu Santo". El don es el mismo Espíritu Santo. Recibimos el sello del don (que es) el Espíritu Santo. Después de la bendición, el obispo (o el sacerdote) y el recién confirmado se dan el saludo de la paz.

"La unción, en el simbolismo bíblico y antiguo, posee numerosas significaciones: el aceite es signo de abundancia (cf Dt 11,14, etc.) y de alegría (cf Sal 23,5; 104,15); purifica (unción antes y después del baño) y da agilidad (la unción de los atletas y de los luchadores); es signo de curación, pues suaviza las contusiones y las heridas (cf, Is 1,6; Lc 10,34) y el ungido irradia belleza, santidad y fuerza".

CIC 1293

"En el rito de este sacramento conviene considerar el signo de la unción y lo que la unción designa e imprime: el sello espiritual" que "marca la pertenencia total a Cristo, la puesta a su servicio para siempre" (*CIC* 1293, 1296). Quienes han recibido la Confirmación "participan más plenamente en la misión de Jesucristo y en la plenitud del Espíritu Santo que éste posee, a fin de que toda su vida desprenda 'el buen olor de Cristo' (2 Corintios 2:15)" (*CIC* 1294).

Los israelitas ungían sacerdotes, y más tarde a reyes, como un signo de que habían sido elegidos por Dios. Como estos sacerdotes y reyes, tú has sido elegido por Dios. Y como ellos, eres ungido y elegido para una misión.

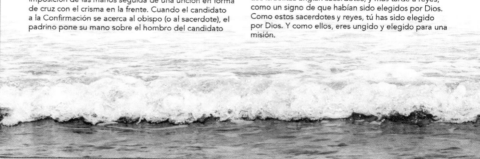

Esta unción se hace con el crisma, que está compuesto de aceite de oliva mezclado con bálsamo y es consagrado por el obispo. Cuando hace la unción, el ministro del sacramento ora para que el confirmado reciba el don del Espíritu Santo. Él y el recién confirmado intercambian el saludo de la paz.

Los dones del Espíritu Santo

El origen bíblico de los siete dones del Espíritu Santo preanuncia las cualidades del Mesías:

"Reposará sobre él el espíritu de Dios: espíritu de sabiduría e inteligencia, espíritu de consejo y fortaleza, espíritu de ciencia y temor de Dios".

Isaías 11:2–3

La palabra *Mesías —Christós* en griego— significa "ungido". Cuando somos ungidos en el Bautismo y en la Confirmación nos revestimos de Cristo y las cualidades del Mesías se convierten en nuestras cualidades:

- **Sabiduría:** La sabiduría hace que miremos al futuro, dándonos una mayor perspectiva y permitiéndonos ver las cosas como Dios las ve. El don de sabiduría nos ayuda a ver nuestros gozos y sufrimientos a la luz del plan que Dios, en su amor, tiene para nosotros.

- **Entendimiento:** Sería más fácil entender el mundo si lo hubiéramos recibido con instrucciones. Por fortuna, el don de la vida divina que emana del Misterio Pascual sí viene con instrucciones: la Sagrada Escritura. La lectura orante de la Biblia nos ayuda a entender el plan de Dios.

- **Consejo:** Este don nos ayuda a tomar buenas decisiones, es decir, las decisiones de Dios. El don de consejo nos ayuda a pedir el parecer de Dios, su consejo. El consejo o recto juicio se hace a la luz del Juicio Final.

- **Fortaleza:** El don de fortaleza nos ayuda a afrontar y superar el peligro con confianza. Antes de hacer una curación, Jesús a menudo pedía a sus seguidores que tuvieran valor, que no se desanimaran y que confiaran. El don de fortaleza nos permite ver dónde se encuentra realmente la fortaleza: en Dios.

- **Conocimiento:** El don de conocimiento nos ayuda a conocer a Jesús y a discernir qué cosas son importantes y qué cosas no. Una buena forma de saber si de verdad estamos sirviéndonos del don de conocimiento es analizar si las cosas que sabemos nos llevan a ser caritativos en nuestras acciones.

- **Piedad:** Colocándonos al pie de la cruz de Jesús, este don nos ayuda a ver nuestra relación con Dios: el salvado y el Salvador. El don nos permite actuar a la luz de esta realidad y mostrar nuestra gratitud por la piedad y la devoción.

- **Temor de Dios:** Se necesita tiempo y serenidad para asombrarse y maravillarse por la belleza de Dios que nos rodea. Podríamos recordar el sentimiento que experimentamos al ver algo maravilloso en la naturaleza y decir: "¡Oh!". Ese es el don del temor de Dios en acción.

Piensa en cómo te sientes cuando le das a alguien un regalo. Te sientes bien cuando la persona a la que se lo diste lo usa y te sientes mal cuando no lo usa. Podemos pensar que Dios se alegra cuando experimentamos gozo gracias a sus dones. Por cada don del Espíritu Santo, piensa en una persona que viva bien ese don.

- *¿Cuál de estos dones necesitas más en vida actualmente? ¿Por qué?*

Los dones del Espíritu Santo

Repase los siete dones, aclarando, de ser necesario, cualquier ligera variación en las expresiones utilizadas.

Circule por el salón e invite a cada participante a mencionar un don, una cualidad con la que se siente relacionado, que ansía firmemente o que ha manifestado de forma parcial en sí mismo. Valore positivamente cada respuesta y pida a los participantes que las registren en sus diarios para pedirle a Dios, en sus oraciones, que les conceda todos esos dones. Cada uno de los dones es beneficioso y tiene un valor excepcional.

Reflexiona en cómo estás llamado a dar testimonio de tu fe en Jesucristo, la cual día es más fuerte. Escribe sobre ello en tu diario. Expresa tus sentimientos al dar testimonio de tu fe ante los demás y piensa en oportunidades para hacerlo.

¿De qué forma el Espíritu Santo me ayuda a dar testimonio?

Jornada de Fe para adultos: Catecumenado, C4 (826924)
Imprimi Potest: Stephen T. Rehrauer, CSsR, Provincial de la Provincia de Denver
Imprimatur: "Conforme al C. 827, Mons. Edward Rice, obispo auxiliar de St. Louis, concedió el Imprimátur para la publicación de este libro el 17 de mayo de 2016. El Imprimátur es un permiso para la publicación que indica que la obra no contiene contradicciones con las enseñanzas de la Iglesia Católica, sin embargo no implica la aprobación de las opiniones que se expresan en ella. Con este permiso no se asume ninguna responsabilidad". *Jornada de Fe* © 2000, 2016 Liguori Publications, Liguori, MO 63057. Para hacer pedidos, visite Liguori.org o llame al 800-325-9521. Liguori Publications, corporación no lucrativa, es un apostolado de los Redentoristas. Para saber más acerca de los Redentoristas visite "Redemptorist.com." Todos los derechos reservados. Ninguna parte de esta obra puede ser reproducida, distribuida, almacenada, transmitida o publicada en ningún medio sin previo permiso por escrito.
Edición del 2016: Denise Bossert, Julia DiSalvo, and Joan McKamey. Arte/Diseño: Lorena Mitre Jiménez. Imágenes: Shutterstock. © Copyright 1993, 2005, 2016 Libros Liguori, Liguori, MO 63057. www.liguori.org. Todos los derechos reservados. Publicado con licencia eclesiástica. Textos de la Escritura tomados de la *Biblia de Jerusalén Latinoamericana*, Desclee de Brower, Bilbao, España. Todos los derechos reservados. Los textos del Catecismo de la Iglesia Católica y demás textos pontificios fueron tomados con permiso de *Librería Editrice Vaticana*, versión en español. Impreso en los Estados Unidos de América.
20 19 18 17 16 / 5 4 3 2 1. Tercera edición.

LIBROS LIGUORI

Diario

Recuerde a los catecúmenos que, al no estar todavía iniciados, no se espera de ellos que lo conozcan todo ni les está permitido hablar con autoridad. Sin embargo, su buena disposición para asistir a misa y a las sesiones, y para declarar su deseo de iniciarse (en el rito de aceptación) es, ante los demás —incluidos feligreses de la parroquia cuya fe pueda estar titubeando— un testimonio.

Anime a los candidatos a que depuren su condición de testigos y su ejemplo de vida hasta alcanzar la plenitud de la verdad católica al ir creciendo en entendimiento. Esto puede resultar frustrante para otros, incluidos amigos cercanos y familiares, pero puede convertirse también en un medio de evangelización.

Oración final

Oración al Espíritu Santo (Ven, Espíritu divino)

Ven Espíritu Santo

Ven, Espíritu Santo, Llena los corazones de tus fieles y enciende en ellos el fuego de tu amor. Envía, Señor, tu Espíritu. Que renueve la faz de la Tierra.

Oh Dios, que llenaste los corazones de tus fieles con la luz del Espíritu Santo; concédenos que, guiados por el mismo Espíritu, sintamos con rectitud y gocemos siempre de tu consuelo. Por Jesucristo Nuestro Señor.

Amén.

Tarea

Anime a cada uno de los participantes a que, durante esta semana, pase algún tiempo con su espónsor y a compartir más profundamente con su acompañante en el camino de la fe.

C5: El sacramento de la Eucaristía

Catecismo: 1322–1419

Objetivos

Los participantes…

- explicarán el contexto bíblico de las enseñanzas católicas sobre la Eucaristía, según nos fuera entregada por Jesús mediante palabras y acciones.

- aceptarán que los católicos afirman que la Eucaristía es verdaderamente el cuerpo, la sangre, el alma y la divinidad de Jesús.

- se percatarán de que los discípulos cristianos toman como modelo a Jesús para ser alimento del mundo, hacer entrega de sí mismos y alimentar la fe de otros.

Meditación del maestro

Juan 6:25–51

La creencia en la presencia real de nuestro Señor en la Eucaristía diferencia a los católicos de muchas otras iglesias cristianas. Este pasaje proclama la cardinal verdad sobre la cual se asientan todas las enseñanzas católicas. Nuestra fe tiene que ser como la de los apóstoles, los cuales declararon a través de Pedro, ·"Señor, ¿donde quién vamos a ir? Tú tienes palabras de vida eterna" Juan 6:68.

Pase un rato ante el Santísimo Sacramento y pida la gracia de transmitir esta enseñanza de modo tal que resulte accesible a cada participante. Hágase esta pregunta," ¿Es la Eucaristía la fuente y la cumbre de mi fe y mi vida? ¿Me comporto con la debida reverencia hacia y en la misa?"

Preparación del maestro

- Lea la lección, este plan de clase, la lectura inicial y las secciones del *Catecismo*.

- Familiarícese con el término *transustanciación*. El mismo se explica en la lección y se define en el glosario de esta guía. Prepárese para dar respuesta a pregunta básicas sobre este dogma, pero no vacile en remitir al interesado a un sacerdote si se trata de cuestiones difíciles o complejas.

- Arregle el local de la reunión de modo tal que los asientos formen un círculo alrededor de una pequeña mesa de oración, una imagen de Jesús u otros sacramentales. Pida prestadas a la sacristía una o dos vasijas sagradas, un copón, un cáliz, una patena, un porta-viático o una custodia.

- Invite a un ministro extraordinario de la Comunión o a un miembro de un ministerio litúrgico o eucarístico a hablar a los participantes acerca de su papel, responsabilidades y experiencias en la distribución de la comunión, las visitas a los enfermos o personas confinadas al hogar, la preparación de la misa o limpieza una vez concluida ella, y otras actividades.

- Invite a su párroco a incorporar un corto periodo de adoración o una bendición especial en esta sesión o durante esta semana. Sería particularmente conmovedor que la parroquia se uniera a esta experiencia, así que tómese su tiempo para invitar a los amigos y familiares de los miembros del *RICA* y discutir los detalles con los feligreses y ministerios locales.

Bienvenida

Salude a los participantes según vayan llegando. Cuando estén todos reunidos, recuérdeles que todos somos uno en Cristo, miembros de su cuerpo –también los catecúmenos. Explique el formato o programación de la sesión, si es necesario. Empiece rápidamente.

Lectura inicial

Juan 6:25–51

Encienda la vela y proclame el pasaje. Explique que este pasaje de las Escrituras, conjuntamente con otros similares, las narraciones de la Última Cena y escritos y tradiciones de los primeros tiempos de la Iglesia, son la base de la concepción de la iglesia católica sobre la Eucaristía. Invite a los participantes a responder y compartir sus reacciones.

> El modo de presencia de Cristo bajo las especies eucarísticas es singular. Eleva la Eucaristía por encima de todos los sacramentos y hace de ella "como la perfección de la vida espiritual y el fin al que tienden todos los sacramentos". *CIC 1374*

Jornada de Fe

En breve:

- La doctrina católica sobre la Eucaristía se basa en las palabras y acciones de Jesús.
- Los católicos creen en la presencia real de Jesús en la Eucaristía.
- Los cristianos están llamados a imitar a Cristo siendo pan para los demás.

El sacramento de la Eucaristía

Algunos estudiosos de la Escritura creen que lo que más escandalizó e hizo enojar a los líderes judíos sobre Jesús fue que compartía la mesa con los marginados. Invitaba a los despreciables "recaudadores de impuestos y pecadores" a compartir la mesa con él.

Siglos de tradición han dado a las comidas formales de los judíos un significado religioso. Las comidas se convirtieron en símbolos de su historia cuando Dios rescató a sus antepasados de la esclavitud e hizo una alianza con ellos. Las comidas también simbolizan el futuro en el que los fieles participarán en el banquete celestial.

Al ver a Jesús que participaba en banquetes con los marginados, los sacerdotes y ancianos comenzaron a criticarlo. *¿Cómo es posible que no sepa quiénes son estas personas?*, se preguntaban. *¿No se da cuenta de que al comer con ellos está ofendiendo a Dios?*

Jesús sabía perfectamente con quiénes estaba comiendo: gente a la que la sociedad consideraba incluso peor que los paganos. La lista oficial de "pecadores" incluía no solo a los ladrones, asesinos, adúlteros, extorsionistas y prostitutas, sino incluso a

otro grupo que estaba más abajo en la lista: los judíos que trabajaban para los gentiles (como los que criaban cerdos o recaudaban impuestos). En pocas palabras, al comer con ellos Jesús estaba aceptándolos nuevamente en la comunidad.

La convicción de que Dios estaba de su lado era lo que sostenía a los israelitas en medio de sus muchas dificultades. Entonces vino Jesús para decirles que estaban equivocados creyendo saber cómo veía Dios a quienes ellos se negaban a tolerar. Jesús constantemente les hizo ver cuán equivocados estaban al no respetar lo que ellos enseñaban. Y era claro que Jesús comía con estos marginados no solo por motivos privados, sino ¡en nombre del Reino de Dios!

No debe maravillarnos que estuvieran enojados, tan enojados que se encargaron de que fuera ejecutado.

> *"Al ver los escribas de los fariseos que comía con los pecadores y publicanos, decían a los discípulos: '¿Qué? ¿Es que come con los publicanos y pecadores? Al oír esto Jesús, les dice: 'No necesitan médico los que están fuertes, sino los que están mal; no he venido a llamar a justos, sino a pecadores'".*
>
> Marcos 2:16–17

- ¿Qué significado más profundo le ves al hecho de compartir los alimentos?
- ¿A qué tipo de marginados invitarías a comer contigo?

CIC 1322–1419

El sacramento de la Eucaristía

Discuta la importancia de compartir juntos la mesa, tanto en tiempos de Jesús como hoy. Pregunte a los participantes, "¿Qué tradiciones conserva usted a la hora de las comidas o con respecto a los alimentos?"

Pregunte a los participantes "¿Qué nos dice sobre Jesús el que quiera compartir el pan con todos –incluso con los marginados? ¿Cómo nos sirven estas acciones como modelo de la forma en que debemos tratar a los marginados de nuestras familias, vecindarios y centros de trabajo?"

(Las respuestas sugeridas incluyen: él quiere que todos se sientan bienvenidos, todos somos parte de la familia de Jesús –hasta los pecadores; Jesús quiere tener una relación personal con todos; a Jesús no le importaba ser aceptado por la gente.)

La Eucaristía como comida

Explique que la eucaristía es una conmemoración y una representación (*no* una repetición o representación) de la pasión y muerte de Cristo. Valore si leer estas palabras de San Alfonso Ligouri: "Cuánto le complacerá a Jesucristo que recordemos su Pasión, que ha instituido el sacramento del altar para que podamos preservar siempre el recuero del inmenso amor que nos ha demostrado..."

La eucaristía como sacrifico

Discuta cómo la Eucaristía es, a la vez, una comida y un sacrificio. *(Las respuestas sugeridas incluyen: Al igual que la camaradería que se establece al compartir la mesa era importante en la cultura de Jesús, ella es también importante para nosotros como católicos. Al compartir la Eucaristía con nuestros hermanos y hermanas en Cristo, estamos demostrando nuestra mutua camaradería. A diferencia de los judíos de los tiempos de Jesús, quienes ofrecían a Dios sacrificios de animales o frutos de sus cosechas, los católicos creemos que la muerte de Jesús en la cruz fue el sacrificio supremo. En cada misa vuelve a ocurrir ese sacrificio de Jesús. Nosotros celebramos el "memorial de su sacrificio" y "ofrecemos al Padre lo que Él mismo nos ha dado: los dones de su Creación" (CIC 1357").*

La Eucaristía como comida

Las comidas que Jesús compartió con pecadores y marginados se añaden al simbolismo de la cena de despedida con sus apóstoles.

Durante la Última Cena, explicó cómo iban a tener lugar el perdón del Padre, la Nueva Alianza y la promesa de la vida eterna en Cristo. Lo dijo de palabra, "Este es mi cuerpo (...) Esta es mi sangre de la alianza" (Marcos 14:22, 24). Lo dijo con *acciones* partiendo el pan y el vino.

También habló del precio que había que pagar para que la Nueva Alianza tuviera lugar. Esta cena fue un mensaje importante para los apóstoles. Si ellos de verdad hacían caso a sus palabras y acciones, si aceptaban las exigencias de lo dicho en la cena, entonces, como Jesús, debían estar preparados, si fuera necesario, para entregar sus vidas por los demás, como Jesús lo iba a hacer con su muerte al día siguiente.

> *"Mientras estaban comiendo, tomó Jesús pan y lo bendijo, lo partió y, dándoselo a sus discípulos, dijo: 'Tomen, coman, este es mi cuerpo'. Tomó luego una copa y, dadas las gracias, se la dio diciendo: 'Beban de ella todos, porque esta es mi sangre de la Alianza, que es derramada por muchos para perdón los pecados'".*
>
> Mateo 26:26–28

La Eucaristía como sacrificio

El significado de un sacrificio para la gente de la Biblia es ajeno a nuestra cultura y experiencia. Una familia judía que iba al Templo para ofrecer un sacrificio no ofrecía oro, sino algo que tuviera relación con la vida, como un animal vivo o los frutos de la cosecha. El sacrificio tenía lugar cuando el sacerdote ponía los frutos o la sangre sobre el altar y la gente internamente se ofrecía junto con el sacrificio. Lo más importante del sacrificio era lo que ocurría en la mente y los corazones de las personas: el ofrecimiento de sus vidas a Dios.

La comunidad cristiana ha tenido siempre la convicción de que la muerte de Jesús sobre la cruz es el sacrificio más grande. Jesús se ofreció a sí mismo. La Misa es el ofrecimiento libre de Jesús.

Pero la Misa, claramente, no es una réplica ni de los antiguos sacrificios rituales del Templo ni de la muerte sangrienta de Jesús. Los gestos rituales realizados por el sacerdote durante la Misa no son una representación estilizada de la muerte de Jesús. El Señor solo murió una vez; no puede volver a morir. Más bien, en la celebración de esta cena familiar, que llamamos "Misa", nos unimos al acto de voluntad con que Jesús se ofreció a Dios y nos ofrecemos también nosotros, reproduciendo en nuestro interior el ofrecimiento que hizo Jesús de sí mismo en la cruz.

> *"Este sacrificio de Cristo es único, da plenitud y sobrepasa a todos los sacrificios (cf. Hb 10, 10). Ante todo es un don del mismo Dios Padre: es el Padre quien entrega al Hijo para reconciliarnos consigo (cf. 1 Jn 4, 10). Al mismo tiempo es ofrenda del Hijo de Dios hecho hombre que, libremente y por amor (cf. Jn 15, 13), ofrece su vida (cf. Jn 10, 17-18) a su Padre por medio del Espíritu Santo (cf. Hb 9, 14), para reparar nuestra desobediencia".*
>
> CIC 614

• ¿Qué significa para ti el sacrificio de Cristo por nuestros pecados?

La presencia real de Cristo

Los católicos creen que cuando Jesús dijo, "Este es mi cuerpo… Esta es mi sangre", quería decir exactamente eso. Para los judíos, "cuerpo" significa la persona y la sangre era la fuente de la vida de la persona. Por tanto, Jesús decía que el pan y el vino "son yo mismo", y nosotros creemos que el pan y el vino consagrados verdaderamente se convierten en la mismísima persona de Jesús.

El Nuevo Testamento da testimonio de la presencia real de Cristo en la Eucaristía. El capítulo 6 del Evangelio de Juan está dedicado a Jesús como "Pan de vida":

- Jesús multiplica los panes y los peces, un milagro que preanuncia su capacidad para "multiplicar su presencia" en la Eucaristía" (ver Juan 6:1–15).

- Cuando camina sobre el agua, muestra su poder divino sobre la naturaleza, un poder capaz de cambiar el pan en su Cuerpo (ver Juan 6:16–21).

- Jesús pronuncia lo que se llama "el sermón del Pan de vida" (ver Juan 6:22-59).

Jesús mismo nos dijo: "Yo soy el pan vivo bajado del cielo. Si uno come de este pan, vivirá para siempre; y el pan que yo le voy a dar, es mi carne por la vida del mundo (…). El que come mi carne y bebe mi sangre, tiene vida eterna y yo le resucitaré el último día".

Juan 6:51, 54

A muchos discípulos les parecieron intolerables estas palabras acerca de comer la carne de Jesús y beber su sangre y lo abandonaron. Pero Jesús no dijo, "un momento, lo que quería decir es que el pan *solo representa* mi cuerpo". En vez de eso les preguntó a los doce, "'¿También ustedes quieren marcharse?' Le respondió Simón Pedro: 'Señor, ¿a quién vamos a ir? Tú tienes palabras de vida eterna'" (Juan 6:67–68).

Desde el siglo XII, la Iglesia ha utilizado el término **transubstanciación** para describir el cambio de la sustancia del pan y el vino a la sustancia de la carne y la sangre de Cristo.

La *apariencia* —las características externas como sabor, color y peso del pan y el vino— siguen siendo exactamente las mismas antes y después de la consagración, pero en su realidad más íntima se han transformado en el Cuerpo y la Sangre del Cristo vivo.

Por tanto, cuando recibimos la Sagrada Comunión, *recibimos a toda la persona de Cristo*, como es en el momento presente, es decir, el Señor resucitado, con su cuerpo y alma glorificados, y su completa divinidad.

> *"No te bastó morir por nosotros. Tenías que darnos este sacramento como compañero, como alimento, como prenda del cielo. Tenías que convertirte en un bebé indefenso, en un trabajador pobre, en un criminal azotado, incluso en un trozo de pan. ¡Solo un Dios que nos ama infinitamente puede tener ideas como estas!".*
>
> *San Alfonso de Ligorio*

- *¿De qué forma te llama Jesús en la Eucaristía? ¿Con cuánta fuerza anhelas participar en la Eucaristía?*

La presencia real de Cristo

Acláreles la doctrina de la presencia real a los candidatos que proceden de tradiciones de fe que consideran la Comunión solo un acto simbólico.

Compare y contraste la apariencia externa con la realidad interior. Si bien es frecuente que la una se asemeje a la otra, puede que no sean una y la misma.

Enfatice que la Eucaristía es un misterio. El cambio—la transustantación—es un milagro. Cristo estará ciertamente con nosotros hasta el final de los tiempos.

Pida a los participantes que lean *CIC* 1377, "La presencia eucarística de Cristo comienza en el momento de la consagración y dura todo el tiempo que subsistan las especies eucarísticas"

Viviendo la Eucaristía

Dé ejemplos prácticos de cómo nos convertimos en el cuerpo de Cristo mediante la participación activa en la misa, aun cuando no recibamos la Eucaristía. Invite a espónsores y miembros del equipo para que describan qué significa ser un receptor activo del cuerpo divino de Cristo y cómo nuestra participación en este banquete contribuye a la transformación espiritual propia y a la de toda la comunidad. Recuerde a los participantes cómo establecer una comunión espiritual.

Presente y escuche a los miembros del clero, a ministros extraordinarios o a otros representantes similares. Anime al presentador a que concluya concediendo algún tiempo para las preguntas y comentarios.

Pase a la capilla de adoración, bendición, o pase diez minutos de contemplación privada del misterio de la Eucaristía ante el Santísimo Sacramento, el tabernáculo o el/los vaso(s) sagrado(s) situados en la habitación (ver Preparación del maestro). Invite a los participantes a repetir solos esta devoción de modo regular.

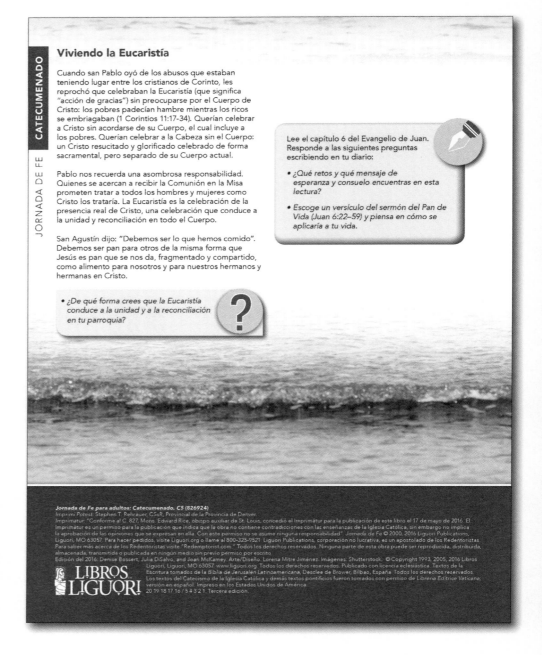

JORNADA DE FE CATECUMENADO

Viviendo la Eucaristía

Cuando san Pablo oyó de los abusos que estaban teniendo lugar entre los cristianos de Corinto, les reprochó que celebraban la Eucaristía (que significa "acción de gracias") sin preocuparse por el Cuerpo de Cristo: los pobres padecían hambre mientras los ricos se embriagaban (1 Corintios 11:17-34). Querían celebrar a Cristo sin acordarse de su Cuerpo, el cual incluye a los pobres. Querían celebrar a la Cabeza sin el Cuerpo: un Cristo resucitado y glorificado celebrado de forma sacramental, pero separado de su Cuerpo actual.

Pablo nos recuerda una asombrosa responsabilidad. Quienes se acercan a recibir la Comunión en la Misa prometen tratar a todos los hombres y mujeres como Cristo los trataría. La Eucaristía es la celebración de la presencia real de Cristo, una celebración que conduce a la unidad y reconciliación en todo el Cuerpo.

San Agustín dijo: "Debemos ser lo que hemos comido". Debemos ser pan para otros de la misma forma que Jesús es pan que se nos da, fragmentado y compartido, como alimento para nosotros y para nuestros hermanos y hermanas en Cristo.

- ¿De qué forma crees que la Eucaristía conduce a la unidad y a la reconciliación en tu parroquia?

Lee el capítulo 6 del Evangelio de Juan. Responde a las siguientes preguntas escribiendo en tu diario:

- ¿Qué retos y qué mensaje de esperanza y consuelo encuentras en esta lectura?

- Escoge un versículo del sermón del Pan de Vida (Juan 6:22–59) y piensa en cómo se aplicaría a tu vida.

Jornada de Fe para adultos: Catecumenado, C5 (826924)
Imprimi Potest: Stephen T. Rehrauer, CSsR, Provincial de la Provincia de Denver.
Imprimatur: "Conforme al C. 827, Mons. Edward Rice, obispo auxiliar de St. Louis, concedió el Imprimátur para la publicación de este libro el 17 de mayo de 2016. El Imprimátur es un permiso para la publicación que indica que la obra no contiene contradicciones con las enseñanzas de la Iglesia Católica, sin embargo no implica la aprobación de las opiniones que se expresan en ella. Con este permiso no se asume ninguna responsabilidad" Jornada de Fe © 2000, 2016 Liguori Publications, Liguori, MO 63057. Para hacer pedidos, visite Liguori.org o llame al 800-325-9521. Liguori Publications, corporación no lucrativa, es un apostolado de los Redentoristas. Para saber más acerca de los Redentoristas visite "Redemptorist.com." Todos los derechos reservados. Ninguna parte de esta obra puede ser reproducida, distribuida, almacenada, transmitida o publicada en ningún medio sin previo permiso por escrito.
Edición del 2016: Denise Bossert, Julia DiSalvo, and Joan McKamey. Arte/Diseño: Lorena Mitre Jiménez. Imágenes: Shutterstock. © Copyright 1993, 2005, 2016 Libros Liguori, Liguori, MO 63057. www.liguori.org. Todos los derechos reservados. Publicado con licencia eclesiástica. Textos de la Escritura tomados de la Biblia de Jerusalén Latinoamericana, Desclee de Brower, Bilbao, España. Todos los derechos reservados. Los textos del Catecismo de la Iglesia Católica y demás textos pontificios fueron tomados con permiso de Librería Editrice Vaticana; versión en español. Impreso en los Estados Unidos de América.
20 19 18 17 16 / 5 4 3 2 1. Tercera edición.

LIBROS LIGUORI

Diario

Anime a los participantes a registrar sus pensamientos y experiencias en sus diarios. La oración final les ayudará a responder las preguntas de la lección.

Oración final

Continúe la lectura de Juan 6 tras explicar que muchos de los discípulos de Jesús se sintieron confundidos y descorazonados por sus palabras. Algunos incluso optaron por abandonarlo y perdieron la fe. Proclame los versículos 60–69, los cuales concluyen con las palabras de Pedro cuando dice, "Nosotros creemos y sabemos que tú eres el Santo de Dios". Recuerde a los participantes prestar más atención al poder y el amor de Dios que a los retos intelectuales y espirituales que plantea el ser discípulo. Recite entonces la siguiente plegaria:

Señor, ayúdanos a creer en tu palabra, a. confiar cuando sintamos algo de la confusión que sintieron tus primeros discípulos y a perseverar en la fe para que también nosotros lleguemos a conocer el tesoro que nos has entregado con tu propio cuerpo y tu propia sangre que fueron quebrado y derramada por nuestros pecados y se convirtieron en alimento de vida eterna. Amén.

Tarea

Explique que, debido a que recibimos al propio Dios en la Eucaristía, nuestro más sagrado don, tenemos que recibirlo en estado de gracia. La Iglesia nos ayuda a obtenerlo mediante lo que constituye el tema de la lección C6: "El sacramento de la Penitencia y la Reconciliación". La Penitencia, conocida también como *confesión*, también nos ayuda en nuestra búsqueda de la santidad y nos prepara para el juicio y la vida eterna en el cielo.

Catecismo: 1422–98, 1846–76

Objetivos

Los participantes…

- se percatarán de que, si bien el pecado puede ser secreto, nunca es privado.

- aceptarán que Jesús dio a sus discípulos, la Iglesia, la autoridad para perdonar los pecados en su nombre.

- identificarán los principales pasos del sacramento (el rito) de la penitencia.

- serán capaces de diferenciar entre pecado mortal y pecado venial.

Meditación del maestro

Lucas 15:11–32

Lea la parábola del Hijo Pródigo, poniéndose en el lugar del padre- sienta lo que él siente, responda como él reacciona. Haga después lo mismo con el hijo mayor y, finalmente con el hijo menor. ¿Cuántas veces ha estado usted en posiciones similares, experimentado sentimientos similares, respondido de forma similar? ¿Cuántas veces ha ansiado ser perdonado? ¿Cuándo ha sido profundamente herido o desencantado por alguien a quien ama? ¿Cuándo ha añorado ser calmado por el consuelo y la paz que dan la misericordia y la reconciliación?

Preparación del maestro

- Lea la lección, este plan de clases, la lectura inicial y las secciones del *Catecismo.*

- Familiarícese con los términos: pecado, pecado venial, pecado mortal, examen de conciencia, penitencia, acto de contrición, absolución, Las definiciones las puede hallar en el glosario de esta guía.

- Halle un examen de conciencia para traer como ejemplo. Prepárese para dar ejemplos ante algunas de las preguntas.

- Garantice que la capilla de reconciliación o el confesionario esté disponible para ser mostrado si es que los participantes no visitaron ese espacio durante su recorrido por la iglesia (lección P11). Si esto no es posible, colecte imágenes de dichos espacios para ilustrar su diversidad y disminuir cualquier ansiedad o nociones preconcebidas acerca del sacramento.

Bienvenida

Salude a cada persona a su llegada con un "La paz sea contigo", o "el Señor te acompañe". Chequee los suministros y las necesidades inmediatas. Pídales que formulen preguntas o comentarios acerca de la sesión anterior y/o comparta con ellos nuevas informaciones y conclusiones. Comience la sesión rápidamente.

Lectura inicial

Lucas 15:11–32

Encienda la vela y lea en voz alta la parábola del Hijo Pródigo. Ponga a los participantes a meditar sobre los sentimientos experimentados por las tres figuras centrales de la historia. Pregúnteles "¿Con quién se siente usted más relacionado? ¿Con quién menos?" Anímelos a imaginar el amor de este padre por su hijo perdido. Recuérdeles que este es solo una fracción del amor de Dios por cada uno de nosotros.

> Los que se acercan al sacramento de la penitencia obtienen de la misericordia de Dios el perdón de los pecados cometidos contra Él y, al mismo tiempo, se reconcilian con la Iglesia.
>
> *CIC 1422*

Jornada de Fe

En breve:

- Ningún pecado queda oculto a los ojos de Dios y todos los pecados afectan de alguna forma a la comunidad.

- Jesús perdonó los pecados y dio a sus apóstoles autoridad para perdonar.

- La Penitencia nos lleva al dolor por nuestros pecados y a la reconciliación con Dios y con la Iglesia.

El sacramento de la Penitencia y la Reconciliación

Recuerda algo que hayas hecho recientemente y que te haga sentir algún remordimiento: gritarle a alguien mientras conducías; promoverte a base de hacer menos a los demás; hablar enojado hiriendo los sentimientos de otro.*¿Cómo te sentirías si pidieras perdón por ello?* A menudo nos gustaría encontrar alguna forma de que el otro nos perdone, algo que nos permita reparar la ofensa que hicimos.

O quizás tú eres quien recibió la ofensa. Quizás te gustaría poder perdonar al agresor.

Sentir la necesidad de pedir y otorgar el perdón es algo propio de las personas de buena voluntad. Cuando los pensamientos, las palabras o las acciones han sido intencionalmente ofensivas, las relaciones —tanto con otras personas como con Dios— se ven afectadas. Se hace necesaria la reconciliación.

- *¿Qué tan difícil te resulta pedir perdón? ¿Y perdonar?* **?**

El pecado es un rechazo al amor

El pecado no es simplemente transgredir una norma. El pecado debe entenderse en el contexto del amor. Dios nos ama muchísimo, incluso cuando muchas veces no somos capaces de volver a amar. El **pecado** es fallar al amor que Dios nos ha mostrado en Jesucristo.

El pecado es ante todo fruto del egoísmo —negarse a pensar en el otro—, incluso antes de que se manifieste en las acciones. Como amar a Dios y amar al prójimo son lo mismo, el pecado siempre se manifestará a través de nuestras relaciones con los demás.

En una de las opciones del acto penitencial de la Misa, reconocemos haber pecado "de pensamiento, palabra, obra y omisión" (Yo confieso). El pecado puede darse en nuestras palabras, acciones, pensamientos, actitudes y cuando no hablamos o actuamos con amor.

Los efectos del pecado

En el relato de la creación que nos presenta el Génesis, un libro del Antiguo Testamento, Adán y Eva experimentaron la armonía consigo mismos, con Dios, entre sí y con la creación, hasta que la serpiente entró al jardín y ellos pecaron. En Génesis 3 vemos las consecuencias de desobedecer a Dios.

La alienación de sí mismo

Después de que Adán y Eva pecaron, "se les abrieron a entrambos los ojos, y se dieron cuenta de que estaban desnudos; y, cosiendo hojas de higuera, se hicieron unos ceñidores" (Génesis 3:7). La vergüenza y el malestar personal reemplazaron la apertura y la confianza.

Cuando pecamos, la vulnerabilidad que conlleva confiar en otro se reviste de una actitud defensiva.

ADULTOS

CIC 1422–98, 1846–76

El sacramento de la Penitencia y la Reconciliación

Lea en voz alta la sección inicial de esta lección e invite entonces a los participantes a rememorar (y compartir) experiencias de pecado y perdón extraídos de su propia vida.

El pecado es un rechazo al amor

Discuta la descripción del pecado hallada en esta sección. Enfatice en la belleza de los dones del perdón y la sanación. Reconozca que el confesar los pecados a otra persona puede causar temor a quienes nunca han recibido –o rara vez se acercan a recibir- el sacramento.

¿Cómo pastoreó Jesús a los pecadores?

Comparta estas respuestas con los participantes según sea necesario:

- Marcos 2:1–12, la curación del paralítico ("Viendo Jesús la fe de ellos, dice al paralítico: 'Hijo, tus pecados te son perdonados…. A ti te digo, levántate toma tu camilla y vete a tu casa…'") –Jesús combinó la sanación espiritual y la curación física y ofreció palabras de consuelo y misión.

- Lucas 7:36–50 ("[Jesús] volviéndose hacia la mujer, dijo a Simón: '¿Ves a esta mujer?… Por eso te digo que quedan perdonados sus muchos pecados, porque ha mostrado mucho amor' Le dijo a ella, 'Tus pecados quedan perdonados… Tu fe te ha salvado. Vete en paz.'") – Jesús justifica su gesto, reconoce su fe y amor, y perdona sus pecados.

- Lucas 19:1–10, Zaqueo, el cobrador de impuestos ("[Jesús] alzando la vista, le dijo: 'Zaqueo, baja pronto; porque conviene que hoy me quede yo en tu casa…Hoy ha llegado la salvación a esta casa, porque también este es hijo de Abraham. '") -Jesús invita a Zaqueo a unírsele, acepta sus actos de justicia (penitencia) y declara la salvación de esa casa.

- Juan 8:1–11, una mujer es sorprendida en adulterio ("Jesús, inclinándose, se puso a escribir con el dedo en la tierra. Pero, como ellos insistían en preguntarle, se incorporó y les dijo: 'Aquel de vosotros que esté sin pecado, que le arroje la primera piedra.'…. Entonces dijo Jesús 'Mujer, ¿dónde están? ¿Nadie te ha condenado?… Tampoco yo te condeno. Vete, y en adelante no peques más.'") – Jesús la juzga con misericordia y la exhorta a no pecar más. Al exponer el carácter de pecadores de los otros, Él aplica la Regla de Oro.

No importa cuán atractivo y placentero pueda parecer el pecado, este siempre tiende a humillar a las personas y a dividir su esencia más íntima.

Alienación de Dios

"El hombre y su mujer se ocultaron de la vista de Dios Dios por entre los árboles del jardín" (Génesis 3:8). El temor y la distancia reemplazaron la confianza y la intimidad que habían tenido con Dios. Se sentían incómodos en su presencia y prefirieron esconderse.

Cuando pecamos, nos alejamos de Dios, pensando que no nos merecemos su amor.

Alienación de los demás

"La mujer que me diste por compañera me dio del árbol y comí" (Génesis 3:12). Adán culpó a Eva de haberlo llevado a desobedecer a Dios y Eva, a su vez, culpó a la serpiente. Como resultado, Adán y Eva terminaron alienados entre sí. Cuando nos centramos en nosotros mismos, nos alienamos de los demás. El pecado provoca división.

¿Cómo pastoreó Jesús a los pecadores?

Jesús vino a reconciliarnos y a salvarnos. Sanó y fue misericordioso de modo humano. También le dio a sus apóstoles el poder para perdonar los pecados: "Sopló y les dijo: 'Reciban el Espíritu Santo. A quienes perdonen los pecados, les quedan perdonados; a quienes se los retengan, les quedan retenidos'" (Juan 20:22–23). La Iglesia continúa el ministerio de la reconciliación realizado por Jesús a través del sacramento de la Reconciliación y la Penitencia.

Perdonar los pecados era una parte fundamental del ministerio de Jesús. Lee los siguientes pasajes del Evangelio y analiza cómo Jesús se preocupa por los pecadores:

Marcos 2:1–12   Lucas 7:36–50

Lucas 19:1–10   Juan 8:1–11

- *¿Cómo te sientes al saber que Dios puede perdonar tus pecados?* **?**

Tipos de pecados

Todos los pecados pertenecen a una de estas dos categorías:

- El **pecado venial** tiene lugar cuando no nos preocupamos por los demás. Podemos ser duros al hablar, criticar a los demás o abusar de otros. Los pecados veniales no nos alejan totalmente de Dios, pero el hábito de ofender al prójimo, aunque sea en cosas pequeñas, debilita nuestra relación con Dios. Debemos tomar en serio el pecado venial porque puede llevarnos a ser cada vez más egoístas.

- El **pecado mortal** destruye de una manera seria nuestra relación con Dios, con el prójimo, con el mundo y con nosotros mismos. Tres condiciones son necesarias para que un pecado se pueda considerar pecado mortal (ver *CIC* 1857):

  - El acto es malo (materia grave).

  - La persona sabe que es un acto malo (perfecto conocimiento)

  - La persona elige hacerlo de todas formas (pleno consentimiento)

Los pasos del rito

El sacramento de la Penitencia y la Reconciliación se celebra de manera individual o en un servicio comunitario. En ambos ritos debe haber una confesión y absolución individuales.

Contrición

Nos preparamos para el sacramento a través del **examen de conciencia**, reflexionando en nuestra vida y en las decisiones que hemos tomado. Podemos usar los Diez Mandamientos y las enseñanzas de Jesús para guiarnos en nuestro examen. Reflexionamos en cuán generosa —o egoísta— ha sido nuestra respuesta a Dios.

Para recibir el perdón, debemos mostrar contrición, dolor por nuestros pecados y estar resueltos a seguir el mandamiento que Jesús dio a la mujer sorprendida en adulterio, "en adelante no peques más" (Juan 8:11).

Tipos de pecado

Ponga énfasis en que distinguir entre pecado mortal y pecado venial es más que determinar la gravedad de un pecado o tomar en consideración sus efectos negativos. Uno puede cometer objetivamente una ofensa grave o importante, pero, debido al total desconocimiento de ello no ser culpable de pecado mortal. Estimule a los participantes a que, en lugar de volverse complacientes o escrupulosos, eviten la tentación y el pecado en forma práctica y moldeen su conciencia de acuerdo con las enseñanzas de la Iglesia.

Los pasos del rito

Explique que la Iglesia se refiere a este sacramento de diversas maneras: *el sacramento de la penitencia, el sacramento de la confesión, el sacramento del perdón y el sacramento de la reconciliación* (*CIC* 1423-24).

Repase los pasos del rito y las disposiciones acompañantes. Recuérdeles que el examen, la penitencia y el acto de contrición pueden tener formas diversas, pero se realizan siempre. Invite a espónsores y miembros del equipo para que compartan sus experiencias generales (no específicas).

Decir los pecados al confesor y cumplir la penitencia

Reconocemos nuestros pecados y los confesamos. Quizás un pasaje de la Escritura nos hizo reflexionar en un campo de nuestra vida en el que no hemos amado lo suficiente. "Padre, soy como el hijo mayor del Evangelio que usted leyó en Misa y me cuesta trabajo perdonar a los demás" o "a menudo soy impaciente con mi familia" o "he pecado y deseo la absolución".

El sacerdote te dará una **penitencia**. El acto de dolor —a menudo una oración, una lectura de la Escritura o una acción— nos ayuda a sanar del pecado y, de alguna forma, repara el daño que nuestro pecado ha causado.

¿Por qué debo confesarme con un sacerdote?

Nuestra vida no se limita a lo que pensamos, necesitamos expresar lo que llevamos en nuestro interior a través de nuestro cuerpo usando palabras, señas o gestos. Necesitamos ver, oír y sentir el perdón, no solo "pensar" en él.

Si bien el pecado puede ser secreto, nunca es algo privado. La Iglesia siempre ha creído que el pecado, aunque sea privado, afecta a toda la comunidad. Como nuestros pecados hieren y empobrecen a la comunidad, la reconciliación debe incluir también a la comunidad, no solo a Dios. En el sacramento, el sacerdote representa a Cristo, esto es, la cabeza (Jesús) y los miembros (la Iglesia).

Como representante de Cristo, el sacerdote no está descubriendo nada nuevo; Dios ve todas nuestras acciones. Y, al igual que Dios, él solo quiere ofrecernos la misericordia divina. Además, está obligado a guardar el sigilo sacramental y no puede "hacer uso de los conocimientos que la confesión le da sobre la vida de los penitentes" (CIC 1467). Así, de forma absoluta, todos nuestros pecados quedan en secreto.

Acto de contrición, absolución.

Expresamos el dolor por nuestros pecados a través del **acto de contrición**. Debemos expresar ese dolor con nuestras palabras. El sacerdote puede guiar nuestra oración o podemos utilizar una oración que sepamos de memoria.

Dios mío, me arrepiento de todo corazón de todos mis pecados y los aborrezco, porque al pecar, no solo merezco las penas establecidas por ti justamente, sino principalmente porque te ofendí, a ti sumo Bien y digno de amor por encima de todas las cosas. Por eso propongo firmemente, con ayuda de tu gracia, no pecar más en adelante y huir de toda ocasión de pecado. Amén.

El sacerdote extiende su mano derecha sobre nosotros y dice la oración de **absolución**. Escuchar físicamente que hemos recibido el perdón de Dios satisface una necesidad humana básica. Esta oración completa o sella nuestra conversión del corazón. Expresa que Dios nos ha perdonado y que nos hemos reconciliado con la Iglesia.

"...que el Señor te dé su perdón y su paz, y yo te absuelvo de tus pecados en el nombre del Padre y del Hijo y del Espíritu Santo".

Rito de la Penitencia, 46

Cuando salimos de la capilla de la Reconciliación, ya se nos han perdonado los pecados que hemos confesado y también los pecados que, sin intención, omitimos. Cumplimos nuestra penitencia y comenzamos de nuevo.

¿Con cuánta frecuencia debo celebrar este sacramento?

La Iglesia nos invita a confesarnos cada vez que sintamos necesidad de hacerlo, pero no debe pasar tanto tiempo que sintamos la confesión como algo extraño a nuestra vida. Debe sentirse como volver a casa. A muchas personas les ayuda confesarse con mayor frecuencia, incluso una vez al mes. Los católicos están obligados a confesar sus pecados más graves al menos una vez al año. Los pecados mortales se deben confesar explícitamente, indicando el número y el tipo de pecado (cfr. *Código de Derecho Canónico* 988, *CIC* 1456).

El Adviento y la Cuaresma son tiempos tradicionales en que la Iglesia anima a sus hijos e hijas a conocer y celebrar la misericordia de Dios que se hace presente en este sacramento. La mayoría de las parroquias organiza servicios comunitarios de la Penitencia o los sacerdotes están disponibles más tiempo para que los fieles puedan acercarse a recibir el sacramento. Las parroquias también tienen horarios fijos a lo largo del año, como los sábados por la tarde y también es posible hacer una cita con el sacerdote.

¿Por qué debo confesarme con un sacerdote? ¿Tiene él que enterarse?

Discuta por qué la penitencia, al igual que todos los sacramentos, pertenece a la comunidad de fe y no solo al individuo y a Dios. Para un conmovedor testimonio del propósito y el poder del sacramento, lea o remita a los participantes a la audiencia general del papa Francisco el día 19 de febrero del 2014.

Recuerde a los participantes, especialmente a los candidatos que recibirán su primera Penitencia antes de la Vigilia Pascual, que los sacerdotes están "obligados, bajo penas muy severas [excomunión] a guardar absoluto secreto con respecto a los pecados que sus penitentes le han confesado…" (*CIC* 1467, ver Canon 1388). Garantíceles que ningún sacerdote verá o tratará de forma diferente a nadie debido a un pecado; ellos también son pecadores. Muchos sacerdotes han dicho que han oído cada uno de los pecados recogidos en el Libro y no tienen deseos de recordarlos—una vez perdonados, desaparecen para siempre.

¿Con cuánta frecuencia debo celebrar este sacramento?

Mencione que los candidatos bautizados son elegibles para recibir este sacramento y deberán, por tanto, participar de él antes de la Vigilia Pascual. Comuníqueles que su parroquia programará un día o tiempo especial para las confesiones del *RICA* o del periodo cuaresmal.

Recuerde a los catecúmenos que su bautizo les lavará de todo pecado. Ellos no recibirán la penitencia hasta que ello deba hacerse, después de la iniciación.

Embajadores de la Reconciliación

Estamos llamados a ser instrumentos de Dios para remover las barreras que impiden a los individuos y a los grupos comunicarse entre sí y preocuparse por el otro. La participación en este sacramento implica que así como Dios libremente perdona nuestras ofensas, así también nosotros queremos libremente perdonar y ser perdonados. De hecho, decimos en el Padre nuestro: "Perdona nuestras ofensas como también nosotros perdonamos a los que nos ofenden".

El sacramento de la Penitencia es un sacramento con una dimensión humana y otra divina. Todos pecamos y todos necesitamos ser perdonados. Nuestro Dios es un Dios que sana, un doctor que venda nuestros corazones heridos, un padre cariñoso que perdona y que acoge al hijo que se ha extraviado. En este sacramento, Dios nos ofrece tanto su cuidado amoroso como su misericordia.

Comienza a hacer un examen de conciencia y anota lo que descubras en tu diario. Escribe los momentos buenos y los no tan buenos del camino que estás haciendo para vivir rectamente y llegar a tener una relación más profunda con Dios, con los demás y contigo mismo.

- *¿Cuáles son los obstáculos que me hacen caer en el pecado?*

- *¿Cuáles son los pecados más grandes que llevo en el corazón?*

- *Menciona una forma en que puedes responder a la invitación a perdonar.*

Jornada de Fe para adultos: Catecumenado, C6 (826924)
Imprimi Potest: Stephen T. Rehrauer, CSsR, Provincial de la Provincia de Denver.
Imprimátur: "Conforme al C. 827, Mons. Edward Rice, obispo auxiliar de St. Louis, concedió el Imprimátur para la publicación de este libro el 17 de mayo de 2016. El Imprimátur es un permiso para la publicación que indica que la obra no contiene contradicciones con las enseñanzas de la Iglesia Católica, sin embargo no implica la aprobación de las opiniones que se expresan en ella. Con este permiso no se asume ninguna responsabilidad". *Jornada de Fe* © 2000, 2016 Liguori Publications, Liguori, MO 63057. Para hacer pedidos, visite Liguori.org o llame al 800-325-9521. Liguori Publications, corporación no lucrativa, es un apostolado de los Redentoristas. Para saber más acerca de los Redentoristas visite "Redemptorist.com." Todos los derechos reservados. Ninguna parte de esta obra puede ser reproducida, distribuida, almacenada, transmitida o publicada en ningún medio sin previo permiso por escrito.
Edición del 2016: Denise Bossert, Julia DiSalvo, and Joan McKamey. Arte/Diseño: Lorena Mitre Jiménez. Imágenes: Shutterstock. © Copyright 1993, 2005, 2016 Libros Liguori, Liguori, MO 63057 www.liguori.org Publicado con licencia eclesiástica. Textos de la Escritura tomados de la *Biblia de Jerusalén Latinoamericana*, Desclee de Brower, Bilbao, España. Todos los derechos reservados. Los textos del Catecismo de la Iglesia Católica y demás textos pontificios fueron tomados con permiso de *Librería Editrice Vaticana*, versión en español. Impreso en los Estados Unidos de América.
20 19 18 17 16 / 5 4 3 2 1 Tercera edición.

LIBROS LIGUORI

Diario

Explique a los participantes que sus exámenes de conciencia deberán ser cortos y simples y no llegar nunca a la escrupulosidad. La meta es evaluar su papel en su relación con Cristo, no crear una lista de la ropa sucia que se lavará.

Mencione, si hay tiempo y conviene hacerlo, que algunos católicos practican un examen general de conciencia. Este método diario fue propuesto por san Ignacio de Loyola en sus *Ejercicios Espirituales*:

1. "Dar gracias a Dios nuestro Señor por los beneficios recibidos."

2. "Pedir gracia para conocer los pecados, y expulsarlos."

3. "Demandar cuentas al alma… primero, del pensamiento; y después, de la palabra y después, de la obra…"

4. "Pedir perdón a Dios nuestro Señor de las faltas."

5. "Tener propósito de enmienda con su gracia."

Oración final

Solicite a los participantes que en privado pidan a Dios la gracia de cambiar o mejorar en un aspecto específico de sus vidas. Deles algunos ejemplos genéricos, por ejemplo, "Señor, concédeme la gracia de estar al tanto de cómo se sienten los demás" o "Señor, suaviza mi lengua porque con frecuencia hiero a otros con mis duras palabras". Después de un momento de silencio, diga "Por todas estas intenciones, rogamos al Señor," El grupo responde, "Señor, escucha nuestra oración."

Tarea

Invite a los participantes a pensar en una relación personal que fue (o está) afectada por el pecado y a responder a estas preguntas en su diario:

• ¿Qué palabras o acciones generaron injuria o desunión? ¿Qué sentimientos o creencias subyacentes transmitieron ellas? ¿Qué pudo haberse hecho de forma diferente?

• ¿He perdonado o conseguido la reconciliación con esa persona? ¿Cómo se ha (o pudiera haberse) logrado eso? ¿Quién dio el primer paso?

• ¿He perdido esta u otra relación porque faltó el perdón? ¿Qué desafíos o circunstancian contribuyeron a ello? ¿A quién más ha afectado esa realidad ? ¿Cómo pudiera aún la misericordia de Dios hacerse presente en la situación y en el corazón de cada una de las personas implicadas?

Mientras reflexionan sobre su deseo de ser sanados por Dios, anímelos a pensar detenidamente en su presencia y amor eternos.

Catecismo: 1499–1532

Objetivos

Los participantes…

- reconocerán en el ministerio de sanación de Jesús, según lo descrito en las Escrituras, la base de este sacramento.

- identificarán los principales temas, pasos y efectos del sacramento.

- reconocerán que la unción de los enfermos no está dirigida solamente a la curación física y que sus beneficios son también espirituales y están a disposición de todo el que necesite fuerza o sanación.

Meditación del maestro

Santiago 5:13–16

La Iglesia de los inicios veía una gran conexión entre la curación del cuerpo y la sanación del alma. En esta lección, a los participantes se les pedirá distinguir entre la curación física y la sanación espiritual… Reflexione en el énfasis que pone este sacramento en la restauración de la salud espiritual y emocional. Pregúntese a sí mismo, "¿Qué tipos de sufrimientos he presenciado o experimentado? ¿Qué papel han desempeñado la fe y la oración en mi percepción de y en la respuesta a el sufrimiento y el dolor?"

Preparación del maestro

- Lea la lección, este plan de clase y las secciones del *Catecismo*.

- Si bien en toda la lección se discuten la tradición y el sacramento de la *Unción de los enfermos*, el término aparece también definido en el glosario de esta guía.

- Tome prestada una vinajera o una imagen del santo (bendito) crisma para exhibirla o mostrarla a los participantes a menos que ya se hayan familiarizado con los sacramentales durante su recorrido por la iglesia o en una lección anterior.

Bienvenida

Salude a los participantes según vayan llegando. Chequee los suministros y las necesidades inmediatas. Pídales que formulen preguntas o comentarios acerca de la sesión anterior y/o comparta con ellos nuevas informaciones y conclusiones. Comience la sesión rápidamente.

Lectura inicial

Santiago 5:13–16

Encienda la vela y lea el pasaje en voz alta. Explique que, al igual que el santo crisma, el aceite usado para ungir a los enfermos ha sido bendecido por el obispo y es un símbolo esencial de este sacramento. Tal como lo revela la lectura, la unción tiene sus raíces en Iglesia inicial. "¿Qué otras prácticas religiosas y médicas asocia usted comúnmente con los enfermos, el sufrimiento y la vejez?"

> Con la sagrada unción de los enfermos y con la oración de los presbíteros, toda la Iglesia entera encomienda a los enfermos al Señor sufriente y glorificado para que los alivie y los salve.
>
> *CIC 1499*

En breve:

- El ministerio de curación de Jesús es el fundamento de este sacramento

- Todo el cuerpo humano —cuerpo y alma— recibe la salvación de Dios.

- Cuando se administra este sacramento se imponen las manos y se unge a la persona enferma.

A lo largo de los Evangelios vemos la preocupación de Jesús por los enfermos. Lee los siguientes pasajes de Mateo y Lucas en los que Jesús hace curaciones y responde a las preguntas que aparecen abajo.

Mateo 8:5–13   Mateo 15:21–28

Lucas 5:12–16   Lucas 5:17–26

- ¿Qué tipo de dolencias sanó Jesús?

- ¿Qué requisitos se necesitan para que Jesús cure a una persona?

- ¿De qué forma se involucran otras personas en estos pasajes de curaciones?

El sacramento de la Unción de los enfermos

Jesús se preocupaba por la salud física y espiritual de las personas. De hecho, la palabra *salvación* proviene de la palabra latina *salus*, la cual significa "salud". Al anunciar la Buena Nueva de la salvación, Jesús nos dice que Dios se preocupa por nuestro bien integral, esto es, por nuestro cuerpo, alma y espíritu.

Jesús sanó la vida espiritual de las personas asegurándoles que Dios les perdonaba sus pecados y les daba el poder para amar y preocuparse por los demás. Jesús también sanó las dolencias de las personas como una señal del poder de Dios y como una muestra de su preocupación por toda la persona.

Al sanar el cuerpo de las personas al igual que su alma, Jesús nos mostró que todas las dimensiones del ser humano son tocadas por la salvación de Dios.

- ¿Cuándo se vio afectada tu salud física por falta de salud espiritual o viceversa?

¿Qué ministerio de sanación dejó Jesús a la Iglesia?

Curar fue también una parte esencial de la misión de los apóstoles: "Y llama a los Doce [Jesús] y comenzó a enviarlos de dos en dos (…) y ungían con aceite a muchos enfermos y los curaban" (Marcos 6:7, 13).

Después de que Jesús ascendió al cielo, la Iglesia siguió siendo un sacramento de sanación. En la Carta de Santiago, leemos: "¿Está enfermo alguno entre ustedes? Llame a los presbíteros de la Iglesia, que oren sobre él y le unjan con óleo en el nombre del Señor. Y la oración de la fe salvará al enfermo, y el Señor hará que se levante, y si hubiera cometido pecados, le serán perdonados" (Santiago 5:14–15).

El sacramento de la **unción de los enfermos** tiene su fundamento en la preocupación de Jesús por los enfermos, y en cuyo fundamento encargó a los apóstoles curar a quienes tuvieran dolencias y en el ministerio de sanación de la Iglesia de los inicios.

ADULTOS

CIC 1499–1532

El sacramento de la Unción de los enfermos

Discuta la distinción entre curar la enfermedad o padecimiento del cuerpo, la mente y el espíritu de una persona. Ponga énfasis en la importancia de que se capte esta diferenciación, especialmente con relación a este sacramento. Pida a los participantes que den ejemplos de sanación (con o sin curación) sacados de sus propias experiencias.

Discuta las formas en que el bienestar físico y el espiritual están estrechamente vinculados. "¿Cómo cambia nuestra apariencia y nuestro comportamiento cuando estamos estresados? ¿Cómo reaccionan nuestros cuerpos cuando nos vemos afectados por largos períodos marcados por el estrés, el agobio y las emociones intensas?"

Comparta estas respuestas con los participantes según sea necesario:

- Mateo 8:5–13, la curación del sirviente de un centurión ("se le acercó [a Jesús] un centurión y le rogó diciendo: 'Señor, mi criado yace en casa paralítico con terrible sufrimiento.' Dícele Jesús: 'Yo iré a curarle.'") –Jesús le curó de la parálisis; solo la fe y una petición sincera y humilde fueron necesarias. El centurión (el amo) acudió a Jesús asumiendo el lugar del sirviente.

- Mateo 15:21–28, la fe de la mujer cananea ("una mujer cananea, que había salido de aquel territorio, gritaba diciendo: '¡Ten piedad de mí, Señor, hijo de David!

- Mi hija está malamente endemoniada. … también los perritos comen de las migajas que caen de la mesa de sus amos.' Entonces Jesús le respondió:

- «Mujer, grande es tu fe") –Jesús exorció los demonios; la fe y la persistencia de la madre fueron necesarias para ello. La madre imploró la sanación de su hija, y los discípulos la reprendieron.

- Lucas 5:12–16, la curación de un leproso ("Él extendió la mano, le tocó, y dijo: 'Quiero, queda limpio.' Y al instante le desapareció la lepra. Y él le ordenó que no se lo dijera a nadie. Y añadió: 'Vete, muéstrate al sacerdote y haz la ofrenda por tu purificación como prescribió Moisés para que les sirva de Testimonio'") –Jesús curó la lepra, la imposición de las manos, la revisión por parte del sacerdote y la ofrenda religiosa fueron necesarios. La intervención del sacerdote estaba prescrita, y la multitud reaccionó.

- Lucas 5:17–26, la curación de un paralítico ("[Jesús] les dijo, '… ¿Qué es más fácil, decir: "Tus pecados te quedan perdonados", o decir: "Levántate y anda"? Pues para que sepáis que el Hijo del hombre tiene en la tierra poder de perdonar pecados' - dijo al paralítico-: "A ti te digo, levántate, toma tu camilla y vete a tu casa'". Curó al paralítico; un acto de fe era necesario. Los hombres que lo llevaron y bajaron la camilla desempeñaron un papel fundamental, y los escribas y fariseos desencadenaron la respuesta de Jesús que reveló su autoridad para perdonar y sanar (divinidad).

La enfermedad es algo más que el malestar del cuerpo

En grupo, elaboren una lista de dolencias.

Las respuestas pueden incluir enfermedades físicas, padecimientos, síntomas crónicos, adicciones, enfermedades mentales, abuso, trauma, disfunción familiar, y otros problemas sociales.

Analice los procesos de curación implicados en varios de esos tipos. Los participantes pueden ofrecer ejemplos específicos a discreción.

Las respuestas pueden incluir varios tratamientos y procederes, terapias y/o programas de rehabilitación, recuperación de una adicción, orientación sicológica, etc.

Tener fe en el cuidado de Dios por todos

Para celebrar el sacramento de la Unción de los enfermos de manera plena, ayuda tener presentes tres puntos:

La Unción de los enfermos es una celebración de la comunidad

El *Catecismo* explica que cuando los enfermos reciben la Unción, deben hacerlo "con la ayuda de su pastor y de toda la comunidad eclesial a la cual se invita a acompañar muy especialmente a los enfermos con sus oraciones y sus atenciones fraternas" (*CIC* 1516) y "como en todos los sacramentos, la Unción de los enfermos se celebra de forma litúrgica y comunitaria. (...) Es muy conveniente que se celebre dentro de la Eucaristía" (*CIC* 1517).

Una persona no tiene que esperar para celebrar el sacramento hasta que la enfermedad sea tan grave que tenga que estar en el hospital. Este sacramento, como todos los demás, es una celebración comunitaria. Cuando sea posible, es mejor celebrarlo en el contexto de la parroquia, la casa o la familia. La persona enferma tiene una mejor oportunidad para apreciar las oraciones y símbolos del rito cuando lo celebra en compañía de su comunidad.

Por supuesto, si alguien está hospitalizado o no puede salir de casa, el sacramento de la Unción de los enfermos puede administrársele también. Cuando sea posible, la familia, los amigos o miembros de la parroquia pueden estar presentes también.

La enfermedad es algo más que el malestar del cuerpo

Las tensiones, el miedo y la angustia por el futuro afecta no solo al espíritu, sino también al cuerpo. Estas enfermedades pueden ser algo serio y pueden llevarnos a pedir el toque sanador de Cristo en el sacramento de la Unción.

Las personas que sufren adicciones, también pueden recibir la Unción al igual que quienes sufren enfermedades mentales. El poder de Cristo puede ser invocado en el sacramento ante la ansiedad de una cirugía delicada. El cónyuge o el encargado de cuidar al enfermo (o enferma) puede recibir también la Unción si la enfermedad del otro de alguna forma le está afectando seriamente.

La Unción nos sana a través de la fe

¿Funciona? ¿Voy a sanar? Sí, siempre hay una curación. La curación, obviamente, no se limita a la sanación física.

Cuando nuestra atención se centra en la enfermedad física, es normal pensar que el sacramento tendrá un efecto en la salud física. Sin embargo, los sacramentos son celebraciones de fe, expresiones de quiénes somos en realidad ante Dios.

La curación que sigue a la unción del enfermo es una curación distinta de la curación que produce un tratamiento médico o una intervención quirúrgica. Los sacramentos son actos de fe; benefician a la persona entera: cuerpo, alma y espíritu. La oración para bendecir el óleo que se utiliza en la Unción dice: "Envía desde el cielo a tu Santo Espíritu Consolador y bendice con tu poder este óleo (...) Te rogamos que los enfermos ungidos con él, experimenten tu protección en el cuerpo y en el alma y se sientan aliviados en su debilidad, en sus dolores y enfermedades" (*Cuidado pastoral de los enfermos,* 123). La persona enferma puede no experimentar curación física alguna, pero él o ella es fortalecido espiritualmente para los momentos de dificultad. Experimentar la cercanía de Dios y de la comunidad trae consuelo y paz a quien se encuentra enfermo y angustiado.

El valor del sufrimiento

"Como todas las demás personas, los cristianos sienten y experimentan el dolor; pero su fe les ayuda a comprender más profundamente el misterio del sufrimiento y a soportar su dolor con más valor. En las palabras de Cristo ellos encuentran que la enfermedad tiene un sentido y un valor para su salvación propia y la del mundo. Ellos saben también que Cristo, quien durante su vida con frecuencia curó y visitó a los enfermos, los ama precisamente porque sufren".

Cuidado pastoral de los enfermos, 1

El valor del sufrimiento

Lea o remita a los participantes a la sección 1501 del *Catecismo,* en el que se afirma que la enfermedad puede ayudar a una persona "a discernir en su vida lo que no es esencial para volverse hacia lo que lo es." Pregunte a los participantes, "¿Cuándo la enfermedad, el sufrimiento o el dolor le han hecho repensar su vida? ¿Qué factores desempeñaron un papel en que usted adoptara grandes cambios o decisiones?"

En el sacramento, pedimos para que el enfermo sea curado en cuerpo, alma y espíritu. Solo Dios sabe qué tipo de curación necesita más el enfermo: curar una herida, convertir el miedo en valor, aliviar la soledad, disipar la confusión que surge por preguntas existenciales fundamentales: por qué yo, por qué sufrir, por qué ahora, etc.

El sacramento de la Unción ayuda a encontrar un significado al sufrimiento humano. Si bien no elimina el misterio del dolor, su celebración nos abre una ventana al misterio del amor de Dios que nos presenta a su Hijo crucificado con sus llagas victoriosas, sentado triunfante a la derecha del Padre.

- *¿Cuándo has sido curado física, espiritual y emocionalmente?*
- *¿Cómo tuvo lugar esa curación?*
- *¿Qué aprendiste de tu experiencia del sufrimiento?*

¿Cómo se celebra actualmente la Unción de los enfermos?

Como el sacramento se concentra en sanar el cuerpo, el espíritu y el alma, se invita a quienes recibirán la Unción a celebrar el otro sacramento de curación, el sacramento de la Penitencia y la Reconciliación, antes del rito de unción. El rito de unción puede celebrarse dentro de la Misa o fuera de esta con una liturgia de la Palabra que ofrece una breve reflexión sobre el sentido Cristiano de la enfermedad y el sufrimiento. De esta forma, el sacramento se celebra con fe renovada.

La *imposición de las manos*, un antiguo gesto cristiano, simboliza y confiere una particular gracia del Espíritu Santo.

El sacerdote *unge* la frente y las manos de la persona enferma con el *óleo de los enfermos*. La frente es ungida haciendo el signo de la cruz para recordar el mismo gesto hecho en el Bautismo. Mientras el sacerdote unge la frente, dice: "Por esta santa unción y por su bondadosa misericordia te ayude el Señor con la gracia del Espíritu Santo".

La unción de las manos significa que el Espíritu Santo viene a nosotros en nuestra particular situación. Mientras las manos son ungidas, el sacerdote ora, "para que, libre de tus pecados, te conceda la salvación y te conforte en la enfermedad". La persona responde: "Amén".

¿Con qué frecuencia se puede recibir la unción?

Algunos necesitan esta gracia sacramental para mantenerse fuertes en un nivel psicológico y emocional. Algunos necesitan la gracia para una curación concreta. Otros, debido a que la enfermedad está resultando demasiado gravosa, necesitan la gracia para comprender más profundamente el sufrimiento de Cristo.

Se puede solicitar este sacramento cada vez que una persona tiene una enfermedad que podría conducirla a la muerte, que debe someterse a una cirugía, que sufre los achaques de la edad avanzada o está entrando en una nueva etapa de una enfermedad. No es raro que una persona reciba este sacramento varias veces.

Antes del Concilio Vaticano II (1962–65), la Unción de los enfermos se administraba principalmente a quienes estaban cerca de la muerte. El Concilio le restituyó a este sacramento su naturaleza original, cambiando su nombre de *Extrema unción* (Última unción) a *Unción de los enfermos*.

¿Cómo puedo colaborar con el ministerio de sanación de Cristo?

Si bien los sacerdotes son los únicos que pueden ungir sacramentalmente a los enfermos, el ministerio de los enfermos es una responsabilidad de toda la comunidad cristiana. Puedes hablar con un profesional de la salud católico, con el capellán de un hospital, con un miembro de tu parroquia que lleve la comunión a los enfermos que no pueden salir de casa o con alguien que visita a los enfermos en un asilo de ancianos. Pregúntales cómo desarrollan su ministerio y cómo hacen para atender todas las dimensiones de la persona: cuerpo, alma y espíritu.

¿Cómo se celebra actualmente la Unción de los enfermos?

Revise los pasos del sacramento (rito). Compare los símbolos (el aceite bendecido) y las acciones (la imposición de las manos) de hoy con los de la Iglesia inicial.

¿Con qué frecuencia se puede recibir la unción?

Ponga énfasis en que los candidatos pueden solicitar el sacramento si resulta necesario y los catecúmenos pueden pedir el sacramento después de su bautismo. Invite a los espónsores y miembros del equipo a relaten sus historias o experiencias como en el caso en el que un amigo cercano o un familiar la solicitó.

Entregue a los participantes una lista con los contactos de estos ministerios en la parroquia. Puede que algunos de los participantes o espónsores ejerzan en las áreas de la atención a la salud, los hospicios o el cuidado siquiátrico y puedan abordar estas cuestiones directamente o incluso compartir sus experiencias con el grupo del *RICA*. Anímelos a considerar cómo sus talentos pudieran ser usados para servir a la Iglesia.

Recuerde a todos los presentes que la mayoría de nosotros ya consuela, alimenta y ayuda al que está enfermo y sufre –sea como padre o madre de hijos pequeños, familiar de un anciano o persona discapacitada, o amigo o vecino de alguien necesitado. Incluso sin estar físicamente próximos o carecer de la capacidad para curar física, emocional, o espiritualmente, podemos pedir a través de la oración que Jesús ponga su mano sanadora, pedir la intercesión de los santos, o enviar tarjetas o mensajes personales.

JORNADA DE FE · **CATECUMENADO**

Averigua cómo hace tu parroquia para atender a los enfermos tanto con el servicio pastoral como con la oración. Después responde en tu diario a las siguientes preguntas:

- *¿De qué forma me llama Dios a colaborar con el ministerio de los enfermos en mi comunidad parroquial?*

- *¿A quién conozco personalmente que podría beneficiarse con una visita, una tarjeta de apoyo o una comida? Proponte ayudar a esa persona la próxima semana.*

Jornada de Fe para adultos: Catecumenado, C7 (826924)
Imprimi Potest: Stephen T. Rehrauer, CSsR, Provincial de la Provincia de Denver.
Imprimátur: "Conforme al C. 827, Mons. Edward Rice, obispo auxiliar de St. Louis, concedió el Imprimátur para la publicación de este libro el 17 de mayo de 2016. El Imprimátur es un permiso para la publicación que indica que la obra no contiene contradicciones con las enseñanzas de la Iglesia Católica, sin embargo no implica la aprobación de las opiniones que se expresan en ella. Con este permiso no se asume ninguna responsabilidad". Jornada de Fe © 2000, 2016 Liguori Publications, Liguori, MO 63057. Para hacer pedidos, visite Liguori.org o llame al 800-325-9521. Liguori Publications, corporación no lucrativa, es un apostolado de los Redentoristas. Para saber más acerca de los Redentoristas visite "Redemptorist.com". Todos los derechos reservados. Ninguna parte de esta obra puede ser reproducida, distribuida, almacenada, transmitida o publicada en ningún medio sin previo permiso por escrito.
Edición del 2016: Denise Bossert, Julia DiSalvo, and Joan McKamey. Arte/Diseño: Lorena Mitre Jiménez. Imágenes: Shutterstock.
© Copyright 1993, 2005, 2016 Libros Liguori, Liguori, MO 63057. www.liguori.org. Todos los derechos reservados. Publicado con licencia eclesiástica. Textos de la Escritura tomados de la *Biblia de Jerusalén Latinoamericana*, Desclee de Brower, Bilbao, España. Todos los derechos reservados. Los textos del Catecismo de la Iglesia Católica y demás textos pontificios fueron tomados con permiso de *Librería Editrice Vaticana*, versión en español. Impreso en los Estados Unidos de América.
20 19 18 17 16 / 5 4 3 2 1. Tercera edición.

LIBROS LIGUORI

Oración final

Pídales a los participantes que reflexionen en silencio acerca de la manera o lugares en los que pudiera necesitar curación. Invítelos a que se centren en un aspecto de su vida para esta oración. Pasen un corto rato en meditación silenciosa, pregúntele entonces a cada persona que mencione a un ser querido necesitado de curación o sanación espiritual, física o mental. Para concluir, recen juntos el Padrenuestro.

Tarea

Recuerde a los participantes entrevistar, en esta semana y según se necesite para la actividad, a diferentes personas y registrar todas sus opiniones, respuestas y conclusiones.

C8: El sacramento del Matrimonio

Catecismo: 1533–35; 1601–66

Objetivos

Los participantes…

- descubrirán las formas en las que el sacramento del matrimonio refleja el amor de Dios, el misterio pascual y la unidad de la Santísima Trinidad.

- describirán el matrimonio como expresión y signo del amor de Dios (entrega, perdón, fidelidad, permanencia para toda la vida, intimidad, unidad y creación).

- aceptarán las enseñanzas católicas sobre el matrimonio, la familia y la sexualidad humana, incluyendo la diferencia entre anulación y divorcio civil.

Meditación del maestro

Colosenses 3:12–17

¿Cómo nos insta este pasaje a tratarnos el uno y la otra? Considere sus propias actitudes con respecto al matrimonio y las dificultades que puede haber encontrado en sus relaciones. ¿Cuándo ha sido usted testigo de la especial gracia marital que está al alcance del esposo y la esposa? ¿Ha habido ocasiones en su vida o en las vidas de otras personas casadas en las cuales haya sido usted testigo de la gracia de Dios actuando en momentos del mayor regocijo, tristeza o confusión?

Preparación del maestro

- Lea la lección, este plan de clase, la lectura inicial y las secciones del *Catecismo*.

- Familiarícese con los términos: castidad, planificación familiar por el método natural. Las definiciones se encuentran en el glosario de esta guía.

- Esté al tanto de cualesquiera participantes que estén divorciados, separados o tengan problemas matrimoniales, así como también de los que están comprometidos para casarse. Remita al párroco o al ministerio diocesano a cualquiera que esté casado irregularmente o necesite una anulación, y a las parejas comprometidas remítalas al coordinador de la preparación para el matrimonio. Si resultara apropiado, ofrezca la utilización del apoyo de espónsores y directores espirituales.

- Invite a los fieles de la parroquia que se desempeñan en un ministerio matrimonial (preparación, fortalecimiento o consejería) a dirigirse a los participantes para hablarles en esta sesión sobre el sacramento, la espiritualidad y la vocación al matrimonio. Anime a todos los matrimonios a hacerlo también.

Bienvenida

Salude cordialmente a cada persona a su llegada. Permita a cada persona presentar a su cónyuge o invitado especial. Pídales que formulen preguntas o comentarios acerca de la sesión anterior y/o comparta con ellos nuevas informaciones o conclusiones. Comience rápidamente.

Lectura inicial

Colosenses 3:12–17

Encienda la vela y lea el pasaje en voz alta. Hable acerca de las virtudes necesarias para mantener relaciones sanas, sean estas entre esposos, compañeros de trabajo, condiscípulos o amigos. Ponga énfasis en las virtudes propugnadas por San Pablo: "bondad, humildad, mansedumbre, paciencia", así como misericordia, paz y, sobre todo, amor. Pregunte, ¿En qué rasgos de personalidad y capacidades confía usted para establecer mejores y más afectuosas relaciones?

> La alianza matrimonial, por la que el varón y la mujer constituyen entre sí un consorcio de toda la vida,… fue elevada por Cristo Nuestro Señor a la dignidad de sacramento.
>
> *CIC 1601*

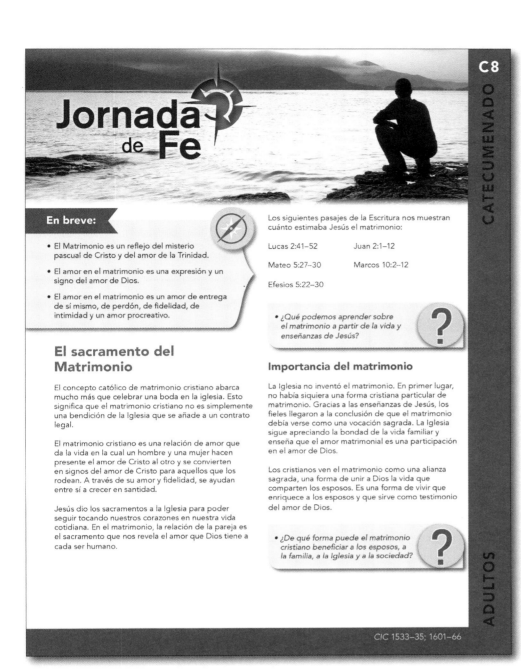

Jornada de Fe

C8

En breve:

- El Matrimonio es un reflejo del misterio pascual de Cristo y del amor de la Trinidad.
- El amor en el matrimonio es una expresión y un signo del amor de Dios.
- El amor en el matrimonio es un amor de entrega de sí mismo, de perdón, de fidelidad, de intimidad y un amor procreativo.

El sacramento del Matrimonio

El concepto católico de matrimonio cristiano abarca mucho más que celebrar una boda en la iglesia. Esto significa que el matrimonio cristiano no es simplemente una bendición de la Iglesia que se añade a un contrato legal.

El matrimonio cristiano es una relación de amor que da la vida en la cual un hombre y una mujer hacen presente el amor de Cristo al otro y se convierten en signos del amor de Cristo para aquellos que los rodean. A través de su amor y fidelidad, se ayudan entre sí a crecer en santidad.

Jesús dio los sacramentos a la Iglesia para poder seguir tocando nuestros corazones en nuestra vida cotidiana. En el matrimonio, la relación de la pareja es el sacramento que nos revela el amor que Dios tiene a cada ser humano.

Los siguientes pasajes de la Escritura nos muestran cuánto estimaba Jesús el matrimonio:

Lucas 2:41–52 Juan 2:1–12

Mateo 5:27–30 Marcos 10:2–12

Efesios 5:22–30

- ¿Qué podemos aprender sobre el matrimonio a partir de la vida y enseñanzas de Jesús?

Importancia del matrimonio

La Iglesia no inventó el matrimonio. En primer lugar, no había siquiera una forma cristiana particular de matrimonio. Gracias a las enseñanzas de Jesús, los fieles llegaron a la conclusión de que el matrimonio debía verse como una vocación sagrada. La Iglesia sigue apreciando la bondad de la vida familiar y enseña que el amor matrimonial es una participación en el amor de Dios.

Los cristianos ven el matrimonio como una alianza sagrada, una forma de unir a Dios la vida que comparten los esposos. Es una forma de vivir que enriquece a los esposos y que sirve como testimonio del amor de Dios.

- ¿De qué forma puede el matrimonio cristiano beneficiar a los esposos, a la familia, a la Iglesia y a la sociedad?

CIC 1533–35; 1601–66

El sacramento del matrimonio

Sea particularmente sensible ante los sentimientos de todos los presentes cuando repase la lección y discuta los temas. Incluso los católicos de cuna luchan con estos problemas y con otros relacionados con ellos. Responda a las cuestiones y preocupaciones básicas lo mejor que pueda, pero no evada las enseñanzas de importancia fundamental, ni emita juicios ni asuma el papel de autoridad. Ofrézcase a responder fuera de la sesión a aquellos comentarios de carácter personal o de gran carga emotiva.

Invite a los participantes a conversar acerca de los buenos matrimonios de los que pueden dar testimonio.

Pregúnteles, "¿Qué virtudes mencionadas en Colosenses están presentes en esos matrimonios? ¿En qué formas han hecho estos esposos presente a Cristo ante el otro?

Comente, según sea necesario, estos ejemplos del honor que Jesús rinde al matrimonio:

- Lucas 2:41–52, el Niño Jesús en el templo ("[Jesús] les dijo: 'Y ¿por qué me buscabas? ¿No sabías que yo debía estar en la casa de mi Padre?' Pero ellos no comprendieron la respuesta que les dio. Bajó con ellos y vino a Nazaret, y vivía sujeto a ellos.) –De niño, Cristo honró y obedeció a sus padres, aun cuando sus palabras y acciones los desconcertaban o frustraban.

- Juan 2:1–12, la boda de Caná ("Dice su madre a los sirvientes: 'Haced lo que él os diga.'…Les dice Jesús: 'Llenad las tinajas de agua.'… Cuando el maestresala probó el agua convertida en vino, como ignoraba de dónde era…, llama el maestresala al novio…") –Jesús realizó su primer milagro y "manifestó su gloria" durante la celebración de una boda.

- Mateo 5:27–30 ("Pues yo os digo: Todo el que mira a una mujer deseándola, ya cometió adulterio con ella en su corazón.") –Jesús se opuso al divorcio y advirtió contra la lujuria.

- Marcos 10:2–12 ("Pero desde el comienzo de la creación, 'Él los hizo varón y hembra. Por eso dejará el hombre a su padre y a su madre, y los dos se harán una sola carne'… Pues bien, lo que Dios unió, que no lo separe el hombre.") —Jesús describió la unión marital como permanente, natural y sagrada. Él también estableció la institución como intrínsecamente conectada al acto conyugal, es decir, entre un hombre y una mujer.

- Efesios 5:22–30 ("porque el marido es cabeza de la mujer, como Cristo es Cabeza de la Iglesia, el salvador del Cuerpo…. Maridos, amad a vuestras mujeres como Cristo amó a la Iglesia y se entregó a sí mismo por ella, para santificarla… Así deben amar los maridos a sus mujeres como a sus propios cuerpos.") —San Pablo relaciona al matrimonio con el misterio pascual, o sea, con un sacrificio tierno y redentor.

Signos del amor de Dios

Ponga énfasis en que las enseñanzas católicas sobre el matrimonio, la familia y la sexualidad no son arbitrarias, sino que tienen sus raíces en Cristo, las Escrituras, y la ley natural (el designio de Dios).

Proporcione estos ejemplos de ser necesario (ver también los anteriores); el matrimonio es entre un hombre y una mujer y es procreativo (Génesis 1:27–28); el matrimonio es sagrado y permanente (Génesis 2:24).

Note que el matrimonio es único entre todos los sacramentos en el sentido de que los *esposos*—y no un ministro ordenado—se confieren mutuamente la gracia del Espíritu Santo. La gran responsabilidad de realizar ese acto y recibir ese don plenamente es una de las razones por las que los programas de preparación para el matrimonio católico se implican tanto en él. Otras iglesias y fes se han percatado de su sabiduría y han comenzado a seguir el ejemplo. Invite a participantes casados y a espónsores a que hablen sobre cuáles son los aspectos que conservan como favoritos y más apreciados de su preparación para el matrimonio.

Signos del amor de Dios

Los esposos hacen presente a Cristo el uno al otro. Por ello los ministros del sacramento del Matrimonio son el esposo y la esposa. Los católicos creen que el matrimonio entre dos bautizados es sacramental, esto es, un signo de Cristo.

En el rito del Matrimonio, "La Iglesia considera el intercambio de los consentimientos entre los esposos como el elemento indispensable 'que hace el matrimonio' (...) ...los esposos se dan y se reciben mutuamente (GS 48,1; cf CIC can. 1057 §2): 'Yo te recibo como esposa' — 'Yo te recibo como esposo' (Ritual de la celebración del Matrimonio, 62). Este consentimiento que une a los esposos entre sí, encuentra su plenitud en el hecho de que los dos 'vienen a ser una sola carne'". El consentimiento debe darse libremente.

La pareja puede intercambiar los anillos como un signo de amor y fidelidad recíprocos, y como un recordatorio del amor de Dios que nunca cambia y es fiel.

Solo entendemos la verdadera naturaleza del amor matrimonial cuando nos damos cuenta de que proviene de Dios, que es amor.

> *"Y nosotros hemos conocido y hemos creído en el amor que Dios nos tiene. Dios es Amor: y el que permanece en el amor permanece en Dios y Dios en él".*
>
> *1 Juan 4:16*

Características del amor

Las parejas casadas encuentran muchas oportunidades para vivir la aceptación, la paciencia y el perdón. En un pasaje de la Escritura utilizado en muchas bodas cristianas, san Pablo hace un elenco de las características del amor: "La caridad es paciente, es amable" (ver 1 Corintios 13:4–8). Podemos encontrar más definiciones del amor a lo largo de la Escritura a medida que Dios revela su amor por su pueblo. Basándonos en la afirmación de san Juan de que "Dios es amor" (1 Juan 4:16), aprendemos a amar a los demás teniendo como modelo el amor de Dios:

El amor es una entrega de sí mismo

Teniendo como modelo la donación que Dios hace de sí mismo, el amor matrimonial se basa en la donación. Amar totalmente significa darse totalmente a sí mismos "libremente y sin reservas" (*Rito del Matrimonio*). El amor matrimonial es una decisión de amar a nuestro cónyuge de manera incondicional y requiere el sacrificio por el bien del otro. Al elegir amar, tomamos la decisión de dar sin resentimiento, de perdonar completamente y poner las necesidades del otro antes que las nuestras. Dos personas unidas en matrimonio se convierten en una al compartir sus dones particulares procurando el bien del otro.

- ¿Cuándo has sido testigo o has vivido el amor de donación de uno mismo?

El amor perdona

La misericordia y el perdón de Dios se reflejan en la forma en que una pareja soluciona sus diferencias, olvida las ofensas y se sanan el uno al otro. La disposición a reconciliarse una y otra vez es un ejemplo de cómo Dios quiere que nos reconciliemos con él constantemente.

- ¿En qué momentos tu disponibilidad para perdonar o para pedir perdón ha fortalecido tu relación?

El amor es fiel

El día de la boda, se le pregunta a la pareja: "¿Están decididos a amarse y respetarse mutuamente, siguiendo el modo de vida propio del matrimonio durante toda la vida?" (*Rito del Matrimonio*). Esta promesa no es solo para los días en que todo va bien o va sencillo. Es un compromiso para toda la vida. Nunca termina.

La fidelidad de Dios se muestra en el compromiso hecho por la pareja de amarse el uno al otro por toda la vida. Eso significa apoyo en vez de criticismo, apertura en vez de desprecio, comunicación en vez de silencio, colaboración en vez de exigencias. Siguiendo el modelo de la fidelidad de Dios, el amor matrimonial acepta, afirma, busca el bien del otro y lo anima a seguir creciendo y desarrollándose.

- ¿Qué pareja casada conoces que viva un amor fiel? ¿De qué forma puedes apoyarlos o agradecerles su ejemplo?

El amor es fiel

Ponga énfasis en que el matrimonio es símbolo de la fidelidad de nuestro Señor a su Iglesia. Recuerde a los participantes los ejemplos que hay en las Escrituras y la historia de la Iglesia de ocasiones en las que el Pueblo de Dios abandonó la ley y la alianza. A pesar de todo eso, la presencia de Dios, la verdad y la plenitud de la Revelación permanecieron en la comunidad. Pregunte, quizás hipotéticamente, qué significaría o cómo sería todo si Dios no hubiese enviado a Cristo o si Cristo no hubiese muerto por nosotros.

El amor es íntimo

El amor es apasionado, gozoso e íntimo. Estas cualidades se reflejan en la pasión que los esposos tienen el uno por el otro. La intimidad de la que se goza en el matrimonio es sexual, emocional y espiritual. El acto conyugal expresa el amor que se tienen el esposo y la esposa, y también hace crecer su amor. Las relaciones sexuales en el matrimonio son una forma de enriquecerse recíprocamente a través de una mutua donación de sí mismos. Su amor hace que ya no sean dos personas, sino un cuerpo. El amor matrimonial hace que crezca la intimidad, una intimidad que tiene su modelo en el amor de Dios por nosotros.

- ¿De qué manera las parejas están llamadas a vivir la intimidad más allá de la esfera física? ¿Cómo sería una intimidad espiritual?

El amor es creativo

Al participar en el amor creador de Dios, la pareja tiene el privilegio de colaborar en la parte más excelsa de la capacidad creadora de Dios: la creación de otro ser humano. Su generosidad y amor son un reflejo del amor del Creador.

Una dimensión esencial del matrimonio es su apertura a la fecundidad y a los hijos. Esto es mucho más que el mero acto de la concepción; es el apoyo y el aliento que se dan el uno al otro mientras los hijos van creciendo. Las parejas cristianas deben querer traer nuevas vidas al mundo y trabajar juntos para educarlas y llevarlas a la edad adulta.

La fecundidad del matrimonio no se limita a los hijos. Si una pareja no puede tener hijos, "su matrimonio puede irradiar una fecundidad de caridad, de acogida y de sacrificio" (CIC 1654).

La diferencia sexual y la complementariedad del hombre y la mujer son parte del designio de Dios. Basándose en la comprensión de este designio y en la voluntad de Dios, la Iglesia Católica enseña que el matrimonio se da entre un hombre y una mujer.

El amor es unidad

Hay una fuerza y una belleza en las parejas cuyos miembros de verdad son uno solo. Cada persona es distinta y, sin embargo, juntas son todavía más completas. Dios se revela mejor en el matrimonio porque Dios es una relación de personas. Cuando dos se unen en una sola carne, podemos entrever la unidad y el misterio de la Santísima Trinidad.

Las parejas encarnan el amor de Cristo a través de la intimidad y la recíproca pertenencia. La Iglesia y la comunidad tienen la responsabilidad de ayudar a todas las parejas casadas a vivir su vocación y alianza. Una forma en que la Iglesia hace esto es a través de los programas de preparación y formación matrimonial.

¿Qué enseña la Iglesia sobre el divorcio?

Jesús reveló cuál era el designio de Dios sobre el amor matrimonial: "Por eso dejará el hombre a su padre y a su madre, y los dos se harán una sola carne. De manera que ya no son dos, sino una sola carne. Pues bien, lo que Dios unió, no lo separe el hombre" (Marcos 10:7–9).

Los católicos creen que el matrimonio sacramental entre dos cristianos nunca puede disolverse. Aunque los cristianos pueden obtener el divorcio civil, la Iglesia sigue considerando a la pareja como casada. No se pueden volver a casar por la Iglesia sin un decreto de nulidad, comúnmente llamado "anulación".

Los católicos divorciados que no se han vuelto a casar siguen siendo miembros de la Iglesia a pleno derecho. La Iglesia anima a quienes se han vuelto a casar fuera de la Iglesia a que busquen realizar el proceso de anulación, un proceso que para muchos sirve como sanación y momento de perdón. Si se concede la anulación, es posible volver a casarse por la Iglesia.

La anulación no es un divorcio "a la católica". Es un reconocimiento oficial de la Iglesia de que el matrimonio en realidad no existió, esto es, no fue un sacramento. Un decreto de anulación no afecta de ninguna forma a la legitimidad de los hijos.

¿Qué enseña la Iglesia sobre el divorcio?

Ponga énfasis en que ningún matrimonio es perfecto o carece de alguna dificultad o sufrimiento. Los conflictos ocasionales y la "altas y bajas" son parte hasta de las mejores relaciones. Recuerde a los presentes que, si ambas partes están abiertas al amor y la misericordia, todos los conflictos, pruebas y heridas pueden ser superados. *Para Dios todo es posible* (Mateo 19:26; Marcos 10:27; Lucas 1:37; 18:27).

Aclare, si es necesario, que no es intención de la Iglesia que una persona casada permanezca en una situación enfermiza o peligrosa. Ella reconoce la necesidad de la separación, y hasta el divorcio civil, en determinadas situaciones, pero mantiene su preferencia por la reconciliación y su doctrina de que el vínculo sacramental permanece intacto. El poder del Espíritu sobrepasa la capacidad humana.

Explique, de ser necesario, que el matrimonio entre dos personas no bautizadas es válido (aunque no sacramental) a los ojos de la Iglesia. Por dicha razón, aun las personas divorciadas que desearan volver a casarse por la Iglesia necesitarían obtener la anulación de esa unión.

C8

¿Qué enseña la Iglesia sobre la planificación familiar?

Mencione que se dispone de diversos métodos de planificación familiar natural, la mayoría de los cuales se basan en la ciencia médica moderna y son tan efectivos (si no más) que los anticonceptivos artificiales y las tecnologías reproductivas. Dentro de un matrimonio que se ame, estas prácticas pueden adoptar una dimensión espiritual y convertirse en mucho más que un medio para comprobar la fertilidad de una pareja o regular los embarazos.

Remita a cualquier participante o pareja interesada en el tema a un servicio de planificación familiar natural de la localidad. El coordinador de la preparación para el matrimonio de la parroquia puede ayudarle a conseguir los detalles de y los contactos con dicho servicio.

JORNADA DE FE · CATECUMENADO

¿Qué enseña la Iglesia sobre la planificación familiar?

Cristo nos llama a todos a vivir la **castidad** de acuerdo con nuestro estado de vida. Ser casto significa que "[los novios] reservarán para el tiempo del matrimonio las manifestaciones de ternura específicas del amor conyugal" (*CIC* 2348–50). En un matrimonio cristiano, la expresión sexual del amor debe ser exclusiva y debe estar abierta a los dos significados queridos por Dios: darse a sí mismos (significado unitivo) y dar la vida (significado procreativo).

La Iglesia Católica entiende que las parejas pueden querer espaciar los nacimientos de sus hijos y pueden decidir, por alguna buena razón, limitar el número de hijos que tendrán. Para hacerlo, se invita a las parejas a utilizar los diversos métodos de **Planeación Natural de la Familia** (PNF).

Los métodos de la PNF enseñan a la pareja a leer e interpretar los signos biológicos de la fertilidad y a aplicar ese conocimiento para lograr o posponer una concepción. No se usa ninguna barrera física o química para tratar de evitar el embarazo. Permiten una total donación de sí mismos, incluyendo la propia fertilidad, durante el acto sexual. Estos métodos son completamente naturales y muy eficaces.

La PNF "no es algo puramente biológico; tiene que ver con la unidad de toda la persona: cuerpo y espíritu. Se trata de que los esposos aprendan el lenguaje de la fertilidad y vivan su matrimonio de acuerdo con ese lenguaje. Permite a las parejas vivir el uno para el otro por reverencia a Cristo. De esa manera, cuando sus cuerpos dicen, "te amo" están completamente seguros de que sus corazones también lo dicen".

Fletcher Doyle en
Natural Family Planning: Key to Intimacy ("La Planeación Natural de la Familia: llave para la intimidad")

- ¿Qué significa "ser casto" en tu estado de vida?

Discute las siguientes preguntas con tu esposo o esposa (si estás casado) o con amigos casados (si eres soltero). Anota en tu diario las ideas que te parezcan más importantes.

- ¿Qué retos te plantea la enseñanza católica sobre el matrimonio? ¿Por qué?

- ¿Cómo vas a responder a esos retos?

Jornada de Fe para adultos: Catecumenado, C8 (826924)
Imprimi Potest: Stephen T. Rehrauer, CSsR, Provincial de la Provincia de Denver. Imprimátur: "Conforme al C. 827, Mons. Edward Rice, obispo auxiliar de St. Louis, concedió el Imprimátur para la publicación de este libro el 17 de mayo de 2016. El Imprimátur es un permiso para la publicación que indica que la obra no contiene contradicciones con las enseñanzas de la Iglesia Católica, sin embargo no implica la aprobación de las opiniones que se expresan en ella. Con este permiso no se asume ninguna responsabilidad" Jornada de Fe © 2000, 2016 Liguori Publications, Liguori, MO 63057. Para hacer pedidos, visite Liguori.org o llame al 800-325-9521. Liguori Publications, corporación no lucrativa, es un apostolado de los Redentoristas. Para saber más acerca de los Redentoristas visite "Redemptorist.com." Todos los derechos reservados. Ninguna parte de esta obra puede ser reproducida, distribuida, almacenada, transmitida o publicada en ningún medio sin previo permiso por escrito.
Edición del 2016. Denise Bossert, Julia DiSalvo, and Joan McKamey. Arte/Diseño: Lorena Mitre Jiménez. Imágenes: Shutterstock. © Copyright 1993, 2005, 2016 Libros Liguori, Liguori, MO 63057. www.liguori.org. Todos los derechos reservados. Publicado con licencia eclesiástica. Textos de la Escritura tomados de la Biblia de Jerusalén Latinoamericana, Desclee de Brower, Bilbao, España. Todos los derechos reservados. Los textos del Catecismo de la Iglesia Católica y demás textos pontificios fueron tomados con permiso de Librería Editrice Vaticana, versión en español. Impreso en los Estados Unidos de América. 20 19 18 17 16 / 5 4 3 2 1. Tercera edición.

LIBROS LIGUORI

Diario

Anime a los participantes a responder a las preguntas de motivación y a muchas de las preguntas de la lección recogidas en sus diarios. Los participantes casados o comprometidos deberán dar a conocer sus respuestas a su cónyuge o prometido(a); los participantes solteros podrán hacerlo con sus espónsores.

Oración final

Pida a los participantes que, en silencio, traigan a la mente a parejas casadas que son o han sido importantes en sus vidas, así como a cónyuges que estén pasando por pruebas o necesiten apoyo. Invítelos después a reflexionar sobre cómo puede hacer más perfectas sus reflexiones sobre el amor de Dios en todas sus relaciones, particularmente en la del matrimonio. Pídale a ¨Dios que conceda a los esposos y esposas presentes las gracias necesarias para abrazar su vocación. Concluya con una lectura meditativa de 1 Corintios 13.

Tarea

Pida a los participantes valorar de qué forma pudieran apoyar el sacramento y la institución del matrimonio en su familia, comunidad y sociedad. Anímelos a dar siquiera un paso hacia esa meta en esta semana.

C9: El Sacramento del Orden Sagrado

Catecismo: 1536-1600

Objetivos

Los participantes…

- distinguirán entre las tres órdenes (grados) diferentes correspondientes al diácono, el sacerdote y el obispo.

- identificarán el papel desempeñado por cada una de estas vocaciones y reconocerán que tienen sus raíces en las Escrituras, en Cristo y en la Iglesia de los primeros tiempos.

- rememorarán los signos y pasos esenciales del sacramento (rito), específicamente de la imposición de las manos.

Meditación del maestro

Marcos 10:43–45

Reflexione sobre el mensaje de Jesús: servir a los demás es servir a Dios. Como maestro del *RICA*, usted está sirviendo a Dios al enseñar a los hombres y mujeres cuya orientación se le ha encomendado. Pregúntese a usted mismo, "¿Me hago humilde en provecho de ellos? ¿Qué dones puedo ofrecer en pro de su mejoramiento? Ruegue por la sabiduría y la gracia de servirles bien.

Preparación del maestro

- Lea la lección, este plan de clase, la lectura inicial y las secciones del *Catecismo*. Revise la lección Q12, "¿Quién pastorea la Iglesia?", de ser necesario.

- Familiarícese con los términos: sacerdocio común, mitra, báculo, patena, cáliz, ordenación. Las definiciones aparecen en el glosario de esta guía.

- Asegúrese de que un diácono o sacerdote asista a esta sesión para que pueda hablarles directa y personalmente sobre el sacramento y su vocación.

- Para la oración final obtenga una grabación de "Here I Am, Lord" por Dan Schutte (New Dawn Music) o de "Here I Am" por Rory Cooney (NALR).

Bienvenida

Salude a los participantes según vayan llegando. Chequee los suministros y las necesidades inmediatas. Pídales que formulen preguntas o comentarios acerca de la sesión anterior y comparta con ellos nuevas informaciones y conclusiones. Invite al sacerdote o diácono a abrir la sesión con una bendición general o hagan todos juntos la señal de la cruz.

Lectura inicial

Marcos 10:43–45

Encienda la vela y lea el pasaje en voz alta. Hable acerca del poderoso mensaje que Jesús transmitió a sus apóstoles. Ponga énfasis en que el servicio a otros no fue una simple sugerencia— ¡fue una orden! Como mejor se sirve a Dios es sirviendo a otras personas. Pida a los participantes que reflexionen en estas preguntas: ¿A quién puedo yo servir y acercar a la Iglesia de Cristo? ¿Quién me sirve a mí?

> El sacramento del Orden comunica "un poder sagrado", que no es otro que el de Cristo. El ejercicio de esta autoridad debe, por tanto, medirse según el modelo de Cristo, que por amor se hizo el último y el servidor de todos.
>
> *CIC 1551: 1536–1600*

Jornada de Fe

- Los tres órdenes del sacramento del Orden son el obispo, el sacerdote y el diácono.

- Las raíces de este sacramento están en las acciones de Jesús y en la Iglesia de los inicios.

- La imposición de las manos junto con la oración de consagración es el signo esencial de este sacramento.

El Sacramento del Orden Sagrado

Las homilías del Arzobispo Óscar Romero que defendían los derechos de los pobres se difundían por la radio. El 23 de marzo de 1980, la gente de El Salvador lo oyó condenar las acciones represivas del ejército contra los pobres. A la mañana siguiente, un sicario asesinó al Arzobispo Romero mientras celebraba Misa.

Un prisionero había escapado del campo de concentración de Auschwitz. En represalia, el comandante nazi escogió a diez prisioneros para que murieran de hambre. Uno de los hombres escogidos decía entre sollozos: "¡Mi esposa, mis hijos!". El P. Maximiliano Kolbe dio un paso adelante y dijo: "Quiero morir en lugar de ese prisionero". Se accedió a su petición.

Conforme la Iglesia de los inicios iba creciendo, los apóstoles comenzaron a necesitar colaboradores que los ayudaran en el ministerio y escogieron a siete hombres "hombres llenos del Espíritu y de sabiduría" para que les ayudaran a atender al pueblo. Entre estos primeros diáconos estaba Esteban, quien murió lapidado por negarse a dejar de predicar la Palabra de Dios (ver Hechos 6—7).

Estos hombres son luminosos ejemplos de verdaderos siervos de Cristo y de la Iglesia. A través del Bautismo, Dios nos llama a todos a vivir en humilde servicio y a sacrificarnos por los demás. Algunos hombres están llamados a servir a la Iglesia como ministros ordenados.

El sacerdocio común

Todos los bautizados participan en el sacerdocio de Cristo. Dios nos llama a "consagrar el mismo mundo a Dios" gracias al **sacerdocio común** de los fieles. A través de nuestras buenas obras, oraciones, ocupaciones, descanso y dificultades, servimos a otros y los conducimos a Cristo (*Lumen Gentium*, 34).

> *"También ustedes, cual piedras vivas, entren en la construcción de un edificio espiritual, para un sacerdocio santo, para ofrecer sacrificios espirituales, aceptos a Dios por mediación de Jesucristo".*
>
> *1 Pedro 2:5*

> *"Los fieles, en cambio, en virtud de su sacerdocio regio, concurren a la ofrenda de la Eucaristía y lo ejercen en la recepción de los sacramentos, en la oración y acción de gracias, mediante el testimonio de una vida santa, en la abnegación y caridad operante".*
>
> *Lumen Gentium, 10*

- *¿En qué formas mi vida alaba y glorifica a Dios?*

CIC 1536–1600

El sacramento del Orden Sagrado

Invite a los participantes a contar sus reacciones a las historias del beato Óscar Romero, san Maximiliano Kolbe y san Esteban, todos ellos mártires bien conocidos.

Pida a los participantes y espónsores que describan sus experiencias con el clero católico. Diga, "¿Qué hizo ordinarios u extraordinarios a estos hombres?"

El sacerdocio común

Asegúrese de que los participantes entienden la diferencia entre el sacerdocio común de todos los creyentes y el sacerdocio ordenado, lo cual se hace manifiesto con el uso de *presbíteros* en Hechos 15:6,23

Lea esta cita del *Catecismo*: "El sacerdocio ministerial está al servicio del sacerdocio común, en orden al desarrollo de la gracia bautismal de todos los cristianos" (*CIC* 1547). Invite a los participantes a ofrecer sus respuestas.

Ordenados para servir

Ponga énfasis en que el sagrado poder de las órdenes sagradas pone el mayor destaque en el servicio dedicado y fiel al pueblo de Dios. Recuerde a los participantes que los sacerdotes son seres humanos y están sujetos a las debilidades humanas. Jesucristo es el único sacerdote perfecto.

Comente, según sea necesario, estas respuestas a los pasajes de Hebreos:

- Hebreos 4:14–16 ("Pues no tenemos un Sumo Sacerdote que no pueda compadecerse de nuestras flaquezas, sino probado en todo igual que nosotros, excepto en el pecado...") –Jesús es un verdadero sacerdote en el sentido de que lo ha sufrido todo, sacrificado todo y servido a Dios y a los demás de modo perfecto.

- Hebreos 5:1–4, 10 ("Él puede sentir compasión hacia los ignorantes y extraviados, por estar también él envuelto en flaqueza. Y a causa de esa misma flaqueza, debe ofrecer por los pecados propios igual que por los del pueblo.") –Jesús es plenamente humano, siendo, así y todo, la única persona sin pecado (excepto su madre, María). Ningún sacerdote de la tierra pudiera ofrecer la misa y los sacramentos de no ser por el poder de Cristo.

- Hebreos 7:23–28 ("Pero éste posee un sacerdocio perpetuo porque permanece para siempre. De ahí que pueda también salvar perfectamente a los que por él llegan a Dios… y esto lo realizó de una vez para siempre, ofreciéndose a sí mismo.") — El reino de nuestro Señor durará por siempre. La vida y la salvación que nos trae es eterna.

- Hebreos 10:11–14 ("Él, por el contrario, habiendo ofrecido por los pecados un solo sacrificio, se sentó a la diestra de Dios para siempre, esperando desde entonces hasta que sus enemigos sean puestos por escabel de sus pies.") –El sacrificio de Jesús consiguió la victoria total sobre el mal, el pecado y la muerte. De ahí que Él viva y reine con Dios Padre en el cielo.

Ordenados para servir

Toda comunidad u organización necesita líderes, incluida la Iglesia. En tiempos del Antiguo Testamento, Dios designó a la tribu de Leví para el servicio litúrgico. El sacerdocio levítico había sido "constituido en favor de los hombres en lo que se refiere a Dios para ofrecer dones y sacrificios por los pecados" (Hebreos 5:1).

El sacramento del Orden establece a los obispos, sacerdotes y diáconos como los líderes oficiales de la Iglesia. A través de este sacramento, algunos hombres son ordenados para "servir en nombre y en la representación de Cristo-Cabeza en medio de la comunidad" (*CIC* 1591).

El sacramento del Orden "confiere un poder sagrado para el servicio de los fieles. Los ministros ordenados ejercen su servicio en el pueblo de Dios mediante la enseñanza (*munus docendi*), el culto divino (*munus liturgicum*) y por el gobierno pastoral (*munus regendi*)" (*CIC* 1592). Por ejemplo, los ministros ordenados enseñan en la predicación, viviendo como ejemplos de fe y ofreciendo formación en la fe. Practican el culto divino administrando los sacramentos y dirigiendo las bendiciones y las oraciones. Gobiernan a través de la administración diocesana y parroquial.

Lee estos pasajes de la Carta a los Hebreos, que nos hablan de Cristo como el verdadero sacerdote:

Hebreos 4:14–16   Hebreos 5:1–4, 10

Hebreos 7:23–28   Hebreos 10:11–14

- Según estos pasajes, ¿cuál es el papel de un sacerdote?

- ¿Qué características son comunes al sacerdocio del sacramento del Orden y al sacerdocio común de los fieles?

Instituido por Cristo

El sacerdocio alcanzó su perfección en Cristo, quien se sacrificó a sí mismo una vez por siempre. Sabiendo Jesús que iba a estar en la tierra un tiempo limitado, mandó a sus apóstoles a predicar y bautizar (ver Mateo 10) y les dio poder para sanar y perdonar los pecados (ver Marcos 6:1–3; Juan 20:23). En la Última Cena, Jesús les dio a sus apóstoles el poder de celebrar la Eucaristía. Los Doce sirvieron a la Iglesia como los primeros obispos.

La imposición de las manos

La imposición de las manos que hace el obispo, junto con la oración de consagración, son un elemento esencial del rito del sacramento del Orden. En la oración, el obispo "pide a Dios la efusión del Espíritu Santo y de sus dones apropiados al ministerio para el cual el candidato es ordenado" (*CIC* 1573). La ordenación "confiere un don del Espíritu Santo que permite ejercer un 'poder sagrado' (sacra potestas) (cf LG 10) que solo puede venir de Cristo, a través de su Iglesia" (*CIC* 1538).

Hay otros ritos en la ceremonia, como la unción con el crisma (en el caso del obispo y del sacerdote), la presentación del anillo, la **mitra**, y el **báculo** (en el caso del obispo),y la presentación de la **patena** y el **cáliz** (sacerdote).

"Procura (…) ser para los creyentes modelo en la palabra, en el comportamiento, en la caridad, en la fe, en la pureza. Hasta que yo llegue, dedícate a la lectura, a la exhortación, a la enseñanza. No descuides el carisma que hay en ti, que se te comunicó por intervención profética mediante la imposición de las manos".

1 Timoteo 4:12–14

- ¿En qué otros sacramentos se utiliza el signo de la imposición de las manos? ¿Cómo se utiliza este gesto en cada uno de ellos?

La imposición de las manos

Revise los pasos y símbolos del rito. Invite al sacerdote o diácono a compartir con el grupo historias o fotos de su ordenación y a dar un breve testimonio de su vocación.

Haga una reseña de esta cita del Catecismo que da detalles sobre los ritos adicionales. "Varios ritos vienen a expresar y completar de manera simbólica el misterio que se ha realizado: para el obispo y el presbítero la unción con el santo crisma, signo de la unción especial del Espíritu Santo que hace fecundo su ministerio; la entrega del libro de los evangelios, el anillo, la mitra y el báculo al obispo en señal de su misión apostólica de anuncio de la Palabra de Dios, de su fidelidad a la Iglesia, esposa de Cristo, de su cargo de pastor del rebaño del Señor; la entrega al presbítero de la patena y del cáliz, 'la ofrenda del pueblo santo' que es llamado a presentar a Dios; la entrega del libro de los evangelios al diácono que acaba de recibir la misión de anunciar el evangelio de Cristo." (*CIC* 1574)

De ser necesario, comparta la respuesta a la pregunta de la lección: *La imposición de las manos es utilizada en la Confirmación y la Unción de los enfermos. Para la Confirmación, remítase a la anterior lección C4. En las órdenes sagradas, la imposición de las manos es un recordatorio de que este papel y esta autoridad se transmiten por Jesús a través de los discípulos y que los hombres que reciben la ordenación comparten ahora ese ministerio y esa autoridad.*

El liderazgo en la en la Iglesia de los inicios

Conforme la Iglesia se extendía y desarrollaba, quienes tenían el don de una fe sólida y la capacidad para predicar y enseñar se convirtieron en líderes. Su cargo dentro de la comunidad se señalaba con la imposición de las manos y la invocación del Espíritu Santo (2 Timoteo 1:6–7). Este hecho marcó el inicio de la **ordenación**, formal, el acto sacramental que introduce a un hombre en el orden de los obispos, sacerdotes o diáconos, haciendo de él un ministro oficial. Si bien todos podían proclamar la palabra y dar testimonio de su fe a través del sacerdocio común, solo quienes formaban parte del *sacerdocio ordenado* podían predicar a la asamblea, celebrar la Eucaristía y guiar a la comunidad de fe.

Esta tradición sigue vigente en nuestros días en el sacramento del Orden. Los obispos, sucesores de los apóstoles, confieren, transmiten o comunican las órdenes a otros hombres que se convierten a su vez en obispos, sacerdotes o diáconos.

> *"El Orden es el sacramento gracias al cual la misión confiada por Cristo a sus Apóstoles sigue siendo ejercida en la Iglesia hasta el fin de los tiempos".*
>
> CIC 1536

¿Cuáles son los grados de las órdenes sagradas?

Obispo
La misión del obispo tiene su raíz en el encargo que Cristo hizo a sus apóstoles como los primeros líderes de los fieles. Los obispos guían a la Iglesia local como representantes de Cristo. Cada obispo se asegura de mantener la unidad de su Iglesia local con la Iglesia Universal.

Como el principal maestro de su diócesis, el obispo cuida que las verdades de la fe católica y los principios de la moralidad se enseñen correctamente. Siendo el obispo el primero entre los predicadores de su diócesis, habla en nombre de Cristo. Cuando visita una parroquia o celebra un sacramento, representa a la Iglesia Universal. El principal obispo es el Papa, el obispo de Roma. El obispo puede celebrar los siete sacramentos.

Sacerdote
En la Iglesia de los inicios, los obispos servían a todos. A medida que creció el número de creyentes, los obispos ya no podían atender a todos. Por ello, ordenaron a otros hombres para que actuaran en su lugar. Estos hombres fueron los primeros sacerdotes.

Un sacerdote es ordenado para servir en nombre del obispo. Un sacerdote está llamado a predicar de palabra y obra. Es el líder en el culto y un signo de la presencia de Cristo entre su pueblo. Debe revestirse de la imagen del Buen Pastor y guiar a su rebaño.

Los sacerdotes pueden celebrar los sacramentos del Bautismo, Eucaristía, Penitencia y Unción de los enfermos y pueden ser testigos oficiales en las bodas. Pueden celebrar la Confirmación con el permiso del obispo.

Diácono
La palabra diácono proviene del griego "siervo" o "asistente". Los diáconos son ordenados para servir "al Pueblo de Dios en el ministerio de la liturgia, de la palabra y de la caridad" (*Lumen Gentium* 29). Los diáconos pueden proclamar la Palabra de Dios leyendo el Evangelio y pronunciando la homilía en la Misa. Pueden asistir al celebrante en la Misa, distribuir la Eucaristía, celebrar bautizos, presidir matrimonios y servicios funerarios, dirigir la oración, predicar y enseñar. El centro del ministerio del diácono es la caridad: preocuparse por la comunidad, especialmente por los más necesitados.

Hay dos tipos de diáconos. El diaconado transitorio es la etapa previa a la ordenación sacerdotal. Un hombre soltero o casado puede ser ordenado como diácono permanente. Si el diácono es soltero o su esposa muere, ya no puede casarse.

> *"La gracia del Espíritu Santo propia de este sacramento es la de ser configurado con Cristo Sacerdote, Maestro y Pastor, de quien el ordenado es constituido ministro".*
>
> CIC 1548

- ¿Cuáles son algunas de las características de un buen líder?
- ¿Cuáles de estas características crees que son más importantes para un ministro ordenado? ¿Por qué?

El liderazgo en la en la Iglesia de los inicios

Enfatice el significado y la importancia del sacerdocio ministerial. Rememore que Jesús envió a los apóstoles a hacer lo que Él había hecho. Pregunte a los participantes, "¿Qué responsabilidades trae consigo el honor de ser enviado?"

¿Cuáles son los grados de las órdenes sagradas?

Anime a los participantes a aprender más acerca del clero que sirve en su parroquia y en su diócesis. En algunos sitios web de la Iglesia se pueden encontrar biografías breves del equipo y sus líderes. La asistencia a los eventos parroquiales les permitirá conocer al párroco y a los fieles en un entorno social. Si se dispone de tiempo, el sacerdote o el diácono pueden dar a los presentes alguna información adicional sobre sí mismos.

Recuerde a los participantes que los grados de las órdenes sagradas y la jerarquía de la Iglesia fueron discutidos en la lección P12. *"¿Quién pastorea la Iglesia?"* Revise con ellos el material según resulte necesario.

¿Por qué el celibato?

Haga la distinción entre celibato y castidad, tema que fue ya discutido en la lección interior (C8: *El Sacramento del Matrimonio*). Aclare, si es necesario, que un hombre o mujer célibe no es asexual. Todo el mundo tiene un género biológico, y la sexualidad humana es mucho más que la relación sexual. Recuérdeles que los adultos no casados están también llamados a abstenerse de realizar actos sexuales.

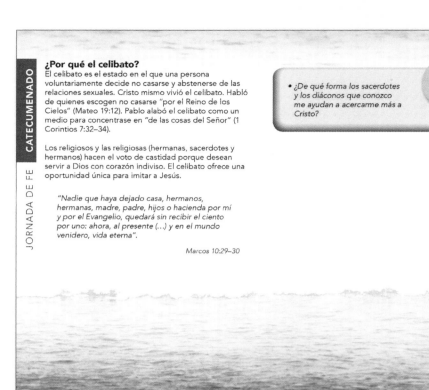

¿Por qué el celibato?

El celibato es el estado en el que una persona voluntariamente decide no casarse y abstenerse de las relaciones sexuales. Cristo mismo vivió el celibato. Habló de quienes escogen no casarse "por el Reino de los Cielos" (Mateo 19:12). Pablo alabó el celibato como un medio para concentrase en "de las cosas del Señor" (1 Corintios 7:32–34).

Los religiosos y las religiosas (hermanas, sacerdotes y hermanos) hacen el voto de castidad porque desean servir a Dios con corazón indiviso. El celibato ofrece una oportunidad única para imitar a Jesús.

> *"Nadie que haya dejado casa, hermanos, hermanas, madre, padre, hijos o hacienda por mí y por el Evangelio, quedará sin recibir el ciento por uno: ahora, al presente (…) y en el mundo venidero, vida eterna".*
>
> Marcos 10:29–30

- ¿De qué forma los sacerdotes y los diáconos que conozco me ayudan a acercarme más a Cristo?

Jornada de Fe para adultos: Catecumenado, C9 (826924)
Imprimi Potest: Stephen T. Rehrauer, CSsR, Provincial de la Provincia de Denver.
Imprimatur: "Conforme al C. 827, Mons. Edward Rice, obispo auxiliar de St. Louis, concedió el Imprimátur para la publicación de este libro el 17 de mayo de 2016. El Imprimátur es un permiso para la publicación que indica que la obra no contiene contradicciones con las enseñanzas de la Iglesia Católica, sin embargo no implica la aprobación de las opiniones que se expresan en ella. Con este permiso no se asume ninguna responsabilidad". *Jornada de Fe* © 2000, 2016 Liguori Publications, Liguori, MO 63057. Para hacer pedidos, visite Liguori.org o llame al 800-325-9521. Liguori Publications, corporación no lucrativa, es un apostolado de los Redentoristas. Para saber más acerca de los Redentoristas visite "Redemptorist.com." Todos los derechos reservados. Ninguna parte de esta obra puede ser reproducida, distribuida, almacenada, transmitida o publicada en ningún medio sin previo permiso por escrito.
Edición del 2016: Denise Bossert, Julia DiSalvo, and Joan McKamey. Arte/Diseño: Lorena Mitre Jiménez. Imágenes: Shutterstock. © Copyright 1993, 2005, 2016 Libros Liguori, Liguori, MO 63057. www.liguori.org. Todos los derechos reservados. Publicado con licencia eclesiástica. Textos de la Escritura tomados de la Biblia de Jerusalén Latinoamericana, Desclee de Brower, Bilbao, España. Todos los derechos reservados. Los textos del Catecismo de la Iglesia Católica y demás textos pontificios fueron tomados con permiso de Librería Editrice Vaticana, versión en español. Impreso en los Estados Unidos de América.
20 19 18 17 16 / 5 4 3 2 1. Tercera edición.

LIBROS LIGUORI

Diario

Inste a los participantes a reflexionar sobre sus vocaciones. ¿A qué les ha llamado Dios? ¿Cómo pueden ellos servir a la Iglesia y ayudar al sacerdocio ministerial? ¿Conocen ellos a alguien que pueda sentirse llamado a las órdenes sagradas o a la vida religiosa? Pida a los participantes que respondan en sus diarios las preguntas de motivación de la lección y la siguiente pregunta: ¿Cómo puedo yo compartir la fe y llegar a aquellos a los que no puede llegar el sacerdote ordenado?

Oración final

Ore por las intenciones particulares y pida después a los participantes que se sienten confortablemente y mediten en la letra del himno que van a escuchar. De ser posible, atenúe las luces para que se vea mejor la luz de la vela. Concluya poniendo la grabación del "Here I Am, Lord" de Schutte o del "Here I Am" de Cooney.

Tarea

Anime a los participantes a tener, durante esta semana, un gesto de gratitud para con el sacerdocio ministerial Sugiérales que envíen al párroco una tarjeta de agradecimiento, le hagan llegar un mensaje personal a un miembro del clero, dedique una plegaria especial, entregue una donación o realice un acto de caridad a favor de la parroquia, la diócesis, el seminario local o un instituto religioso.

C10: El Pueblo de Dios

Catecismo: 56–64, 121–23, 128–30, 1961–64

Objetivos

Los participantes…

- harán memoria de las principales figuras y los principales acontecimientos de la historia de la salvación, particularmente en las del Antiguo Testamento

- considerarán a los israelitas nuestros patriarcas y matriarcas en la fe y precursores de la presencia de la Iglesia en la Tierra

- aprehenderán la conexión existente entre el Antiguo Testamento (la Antigua Alianza) y el Nuevo Testamento (la Nueva Alianza).

Meditación del maestro

Génesis 15:1–6

A través de todo el Antiguo Testamento vemos la constante presencia de Dios y la protección que brindara al Pueblo de Dios. Vemos también la constante lucha del pueblo entre la fe y el miedo, entre la fidelidad al Señor y el deseo de acumular tesoros mundanos. ¿Qué le dice este pasaje acerca de Dios? ¿Acerca de la fidelidad de Dios? ¿Cómo lo conecta la Escritura al Pueblo de Dios a lo largo de la historia?

Preparación del maestro

- Lea la lección, este plan de clase, la lectura inicial y las secciones del *Catecismo*. Para un recuento más exhaustivo de estas figuras y sucesos, lea y reflexione sobre Génesis 15-21 24-26 y Éxodo 7-16.

- Familiarícese con los términos: Pascua, éxodo. Las definiciones se encuentran en el glosario de esta guía.

- Repase la lección P5: *La Biblia* para refrescar en su memoria la historia bíblica y las principales secciones y temas del Antiguo Testamento, si resulta necesario.

- Obtenga una versión en vídeo de un relato del Antiguo Testamento, como el del sacrificio que Abraham estuvo a punto de realizar, el de los apuros y el encumbramiento de José en Egipto, o el de cómo Moisés guio a los israelitas y recibió los Diez Mandamientos. Prepare un corto clip para la sesión; algunos docudramas y formatos ya se encuentran divididos en episodios, escenas y pistas.

Bienvenida

Salude a cada persona a su llegada. Chequee los suministros y los materiales que pudiera necesitar de inmediato. Pida que se formulen preguntas o comentarios sobre la sesión previa y/o comparta nueva información y conclusiones. Comience rápidamente.

Lectura inicial

Génesis 15:1–6

Encienda la vela y lea el pasaje en voz alta. Dios recompensa a Abram por su fidelidad y le dice que su descendencia será tan incontable como las estrellas. Reflexione sobre la promesa de fidelidad de Dios. Pregunte a los participantes, "¿Cómo sabemos que todavía hoy Dios camina fielmente a nuestro lado?"

Las respuestas sugeridas incluyen el regalo de la fe, las palabras y promesas de Jesús, la perdurable enseñanza de la Tradición y la autoridad de la Iglesia, y los cotidianos testimonios y experiencias de los santos y de los cristianos de todo el mundo.

> El pueblo nacido de Abraham será el depositario de la promesa hecha a los patriarcas, el pueblo de la elección llamado a preparar la reunión un día de todos los hijos de Dios en la unidad de la Iglesia.
>
> *CIC 60*

En breve:

- La historia de la salvación narra la historia de la relación de Dios con la humanidad, comenzando por Abrahán.

- Los personajes del Antiguo Testamento y los israelitas son nuestros antepasados en la fe.

- Jesús lleva a su plenitud la alianza que Dios hizo con los israelitas en el Antiguo Testamento.

El Pueblo de Dios

Tu jornada de fe comenzó en el momento en que tomaste conciencia de que Dios estaba presente en tu vida. Si fue una experiencia de conversión intensa o si fue algo más gradual, esta toma de conciencia fue el punto de partida de tu relación con Dios. Pero, en realidad, nunca hubo un momento en que Dios no te tuviera presente: fuiste formado por la mente de Dios y traído a la vida por el amor de Dios. Su amor por ti no es algo nuevo. Y esto se aplica a todas las personas.

En el Antiguo Testamento, encontramos la historia de la relación de Dios con su Pueblo. Se nos narra el despertar del pueblo a la presencia Dios y cómo se vuelven a él, se alejan de él y vuelven a él. En estas historias puedes ver reflejada tu propia historia.

- ¿Qué pasajes o figuras del Antiguo Testamento te son ya familiares? **?**

Abrahán, nuestro padre en la fe

Génesis 15—21

Después de Adán y Eva, la humanidad anduvo errante lejos de Dios. Conforme pasaron las generaciones, Dios desapareció del pensamiento consciente de su gente. Solo unos cuantos reconocían la presencia de Dios en sus vidas.

Entre esos pocos estaba Abrán. Dios le dijo, "Vete de tu tierra, de tu patria y de la casa de tu padre a la tierra que yo te mostraré" (Génesis 12:1). Y dejando su casa, Abrán y su esposa Saray viajaron hacia lo desconocido.

Dios los condujo a una tierra llamada Canaán. Ahí, Dios les dio nombres nuevos: *Abrahán*, que significa "padre de muchas naciones" y "Sara", que significa "princesa del pueblo". Dios había prometido a Abrahán que sus hijos y los hijos de sus hijos serían más que las estrellas del cielo y las arenas de la tierra.

Una nueva vida comenzó para Abrahán y Sara, una que no habían siquiera imaginado. En Canaán prosperaron y envejecieron, pero seguían sin tener hijos. Sin perder la fe, Abrahán y Sara se preguntaban si Dos iba a ser fiel a su promesa.

Cuando ya eran muy ancianos, Sara dio a luz a su primer hijo. Sara se rio cuando escuchó que iba a concebir un hijo a su edad. Llamó a su hijo *Isaac*, que significa "Risa de Dios". Su fe, su confianza en el plan de Dios y su paciencia los llevaron al final a su gozo más grande.

- ¿De qué forma Dios te está conduciendo a una vida nueva? **?**

CIC 56–64; 121–123; 128–130; 1961–1964

ADULTOS

El Pueblo de Dios

Hagan, como ejercicio de intercambio de ideas, una lista de las figuras y acontecimientos clave de la historia bíblica. Sugiera algunas figuras que los candidatos pudieran conocer por ser protagonistas de populares narraciones bíblicas.

Ponga énfasis en la importancia del estudio y la comprensión de las Escrituras hebreas. Como cristianos, nuestra propia fe tiene hondas raíces en esas historias. Recuerde a los participantes que el Antiguo y el Nuevo Testamento constituyen, en su conjunto, un inspirado registro de nuestra historia de salvación.

Abrahán, nuestro padre en la fe

Al ir repasando cada sección, ponga énfasis en los temas de particular importancia de las Escrituras hebreas, especialmente en la fidelidad de Dios a pesar de la infidelidad del pueblo, y en su misericordia y perdón cuando el pueblo ha pecado.

Ponga el vídeo clip o el episodio después de discutir acerca del principal protagonista de la lección. Describa previamente la situación o contexto, y permita a los espectadores responder después.

Si ello interrumpiera el desarrollo general de la sesión, espere hasta la conclusión de la oración final. También puede darles a los participantes la película para que la vean en sus casas.

Israel en tierra extranjera

Génesis 37—45

Isaac y el hijo de Rebeca, Jacob, que era el más joven de los gemelos, engañó a su hermano Esaú quitándole la herencia de su padre (ver Génesis 25:19—27:44). Dios le puso un nuevo nombre a Jacob: *Israel*. Más tarde se convirtió en el padre de los líderes de las Doce Tribus de Israel.

José, el segundo más joven de los doce hijos de Israel, soñó que sus hermanos se inclinaban ante él como gavillas de trigo. Cuando les contó su sueño a sus hermanos, estos se molestaron y algunos comenzaron a conspirar para matarlo. Dos hermanos intervinieron y gracias a ellos José fue vendido a unos comerciantes que se dirigían a Egipto. Los otros hermanos le dijeron a su padre que José había muerto.

Los comerciantes vendieron a José al Faraón de Egipto. Después de que José interpretó los sueños del Faraón, el poderoso soberano hizo a José su segundo hombre. A través de otros sueños, José supo que Egipto se tenía que preparar para una hambruna que se acercaba. Durante la hambruna, los hermanos de José viajaron a Egipto para conseguir comida. No reconocieron a José y se inclinaron ante él para pedir comida.

Cuando volvieron a Egipto con su hermano más chico, José les reveló que él era su hermano. Los perdonó y les dijo que Dios había utilizado lo que hicieron para salvarlos a todos. Dios lo había enviado antes a él para que pudieran resistir a la hambruna. José pidió que trajeran a su padre y toda la familia de Israel se estableció en Egipto donde vivieron muchos años.

- ¿Cuándo has actuado de manera egoísta como Jacob y los hermanos de José?
- ¿De qué forma el amor generoso de Dios sacó un bien de un mal que hiciste?

Moisés: enviado para liberar al Pueblo de Dios

Éxodo 2—4

Con el paso de las generaciones, un faraón posterior interpretó como peligroso el hecho de que el pueblo de Israel crecía mucho. Los convirtió en esclavos y ordenó que se diera muerte a cualquiera de sus bebés varones.

Una mamá israelita puso a su bebé en una canasta y lo ocultó entre los juncos del río. Al encontrar el bebé, la hija del Faraón lo adoptó y lo llamó *Moisés*. La mamá biológica del bebé se las ingenió para que le pidieran ser la nodriza y le enseñó al niño todo lo relacionado con la vida del pueblo judío.

Cuando Moisés creció, mató a un egipcio que estaba golpeando a un israelita. El Faraón se enteró y decretó que Moisés debía morir, pero este se escapó y vivió durante muchos años trabajando como pastor.

Un día, Moisés vio un arbusto que estaba ardiendo pero que no se consumía. Cuando se acercó, una voz le habló:

> *"No te acerques aquí; quita las sandalias de tus pies, porque el lugar que pisas es suelo sagrado (…) Yo soy el Dios de tu padre, el Dios de Abrahán, el Dios de Isaac y el Dios de Jacob".*
>
> *Éxodo 3:5–6*

Dios le dio a Moisés una misión: volver a Egipto y pedirle al faraón que liberara a su pueblo. Moisés puso varias excusas. No era muy bueno para hablar. Pero Dios le enseñó cómo realizar milagros y le dijo que pidiera a su hermano, *Aarón*, que lo acompañara, pues él sí sabía hablar. Al final, Moisés aceptó.

- ¿Qué excusas has puesto para resistirte al llamado de Dios a seguirle?

De la esclavitud a la libertad

Éxodo, Deuteronomio

Cuando Moisés y Aarón le comunicaron al Faraón la orden de Dios de liberar a los israelitas, este se rio y comenzó una lucha entre el poder divino y el terreno. Egipto fue asolado por una serie de plagas muy destructoras. Aun así, el Faraón se negó a liberar a los israelitas.

Después llegó la plaga final. Moisés pidió a los israelitas que prepararan sus casas marcando la entrada de sus casas con la sangre de un cordero como signo de que ahí vivía una familia de Dios. Al ver la sangre, el ángel de la muerte pasaba de largo. A media noche, la muerte golpeó a los primogénitos de todas las familias egipcias. El Faraón, finalmente, se dio cuenta de cuán poderoso era Dios y permitió a los israelitas marcharse (este hecho se celebra con la fiesta judía de la **Pascua**.)

Después de varios siglos de esclavitud, los israelitas finalmente eran libres. Al inicio estaban agradecidos con Dios, pero pronto comenzaron a quejarse. Dios le dio a Moisés los *Diez Mandamientos* y les enseñó cómo vivir rectamente. Vagaron durante cuarenta años por el desierto mientras Dios cambiaba sus corazones y les enseñaba a ser fieles a él.

Cuando llegaron a la Tierra Prometida, terminó su **éxodo** de Egipto y su relación con Dios comenzó nuevamente a ser vital para sus actos de culto e identidad.

De los jueces a los reyes

1 y 2 Samuel

Conforme los años pasaban, el pueblo se volvía a extraviar y dejaba de seguir a Dios. Él les mandó jueces para que los gobernaran, pero el pueblo quería un rey. Dios les advirtió que un rey no iba a ser tan benevolente y generoso como él.

El primer rey, *Saúl*, se volvió cada vez más celoso de la popularidad de un joven pastor llamado *David*, que era famoso por haber matado al guerrero filisteo Goliat con una honda y piedras.

David se convirtió en rey e hizo prosperar a Israel. Pero el rey sufrió varias tragedias en su vida personal: sus hijos lo traicionaron, él cometió adulterio y causó la muerte del esposo de su amante. David buscó el perdón de

Dios. Dios lo perdonó y le prometió que su reino nunca terminaría y que uno de sus descendientes "sería para él su hijo" (2 cfr. Samuel 7:14). Los cristianos creen que esto es una referencia a Jesús, quien pertenece a la línea genealógica de David.

- ¿De qué forma Dios "escribe recto con renglones torcidos" en la vida de David otros a los que escogió para guiar a su pueblo?

El Reino dividido, los profetas y el exilio

1 y 2 Reyes — 1 y 2 Macabeos

El hijo de David, *Salomón*, construyó el Templo de Jerusalén y al final se alejó de Dios. Después de su muerte, el reino se dividió: Israel al norte y Judá al sur. Los dos reinos a menudo se hicieron la guerra y siguieron adorando ídolos. Muchos profetas les hablaron de la necesidad de reformar sus vidas y de volver a vivir la alianza hecha con Dios. Las advertencias de los profetas a menudo cayeron en oídos sordos.

La principal misión de los profetas no era predecir el futuro, sino "hablar de parte de Dios" sobre lo que estaba viviendo el pueblo en ese momento. Se cree, sin embargo, que el profeta Isaías predijo la venida de un Mesías que traería la salvación a los israelitas y a la humanidad (ver Isaías 7:14, 9:6–7, 11:1–10, 49:6).

- ¿Por qué los israelitas no escuchaban a los profetas? ¿Cuándo alguien te ha dicho una verdad que no querías escuchar?

Justo como los profetas lo anunciaron, los babilonios conquistaron Israel, destruyeron el Templo y se llevaron a muchos israelitas al exilio. Un pequeño número llamado "el resto de Israel" se mantuvo fiel (Sofonías 3:12–13). Este grupo esperaba con fe la reconciliación con Dios y la vuelta del reino de David.

El *exilio babilónico* terminó cuando los persas conquistaron a los babilonios y permitieron a los israelitas volver a su tierra y comenzar a reconstruir el Templo. A partir de 63 a.C., el Imperio Romano extendió su dominio a esta región.

De los jueces a los reyes

Ayude a los catecúmenos a trazar el paralelismo entre la gradual conversión del Pueblo de Dios y sus propias conversiones personales. Recuerde a todos los participantes que el proceso de conversión realmente nunca se completa. Aclare que esto no significa que el pecado sea inevitable o que la pertenencia a la Iglesia nunca se alcance, sino que siempre podemos acercarnos más a Dios y descubrir más de su verdad hasta que, una vez hayamos entrado en su Reino, la recibamos en toda su plenitud.

El Reino dividido, los profetas y el exilio

Discuta el significado de la palabra profeta en los tiempos bíblicos. Pida a los participantes que den ejemplos de profetas de estos tiempos, hombres y mujeres que tienen la visión y el valor necesarios para atraernos hacia la verdad. Reflexione acerca de la realidad de que el mundo, tanto en los tiempos antiguos como en los modernos, se ha mostrado con frecuencia renuente a escuchar las palabras de los profetas. Pregunte, ¿Qué verdades, sean ellas religiosas o no, le cuesta a usted trabajo aceptar?"

Complete esta actividad durante la sesión. Si se dispone de tiempo, mencione otras figuras e historias del Antiguo Testamente que vengan al caso.

_____

Comparta las respuestas con los participantes según sea necesario. Hemos incluido adicionalmente otras referencias. Las respuestas adicionales pueden incluir a Noé (Génesis 6-8; después de Abraham) o Jonás (después del exilio en Babilonia).

1. Abraham

2. José

3. Moisés

4. Éxodo desde Egipto (Éxodo 5-15)

5. Diez Mandamientos (Éxodo 19-20)

6. David (1 Samuel 16-18, 2 Samuel 2-7)

7. Isaías

8. Exilio en Babilonia (Jeremías 39-40; 2 Reyes 25; Esdras 1)

_____

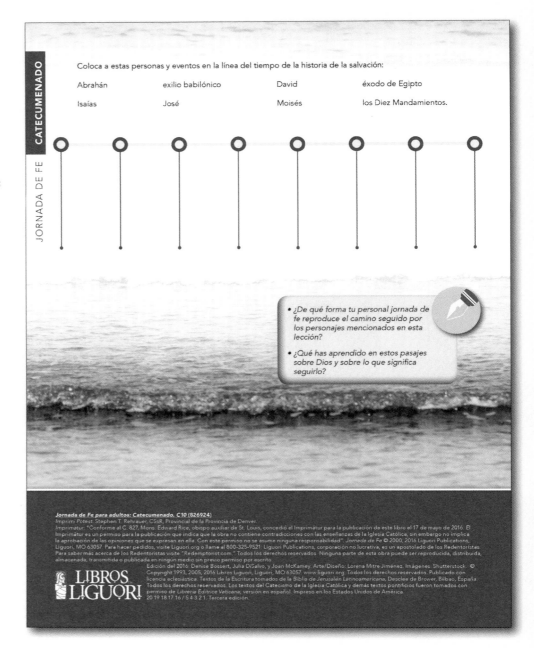

JORNADA DE FE — CATECUMENADO

Coloca a estas personas y eventos en la línea del tiempo de la historia de la salvación:

Abrahán   exilio babilónico   David   éxodo de Egipto

Isaías   José   Moisés   los Diez Mandamientos.

- ¿De qué forma tu personal jornada de fe reproduce el camino seguido por los personajes mencionados en esta lección?

- ¿Qué has aprendido en estos pasajes sobre Dios y sobre lo que significa seguirlo?

Jornada de Fe para adultos: Catecumenado, C10 (826924)
Imprimi Potest: Stephen T. Rehrauer, CSsR, Provincial de la Provincia de Denver.
Imprimátur: "Conforme al C. 827, Mons. Edward Rice, obispo auxiliar de St. Louis, concedió el Imprimátur para la publicación de este libro el 17 de mayo de 2016. El Imprimátur es un permiso para la publicación que indica que la obra no contiene contradicciones con las enseñanzas de la Iglesia Católica, sin embargo no implica la aprobación de las opiniones que se expresan en ella. Con este permiso no se asume ninguna responsabilidad". Jornada de Fe © 2000, 2016 Liguori Publications, Liguori, MO 63057 Para hacer pedidos, visite Liguori.org o llame al 800-325-9521. Liguori Publications, corporación no lucrativa, es un apostolado de los Redentoristas. Para saber más acerca de los Redentoristas visite "Redemptorist.com." Todos los derechos reservados. Ninguna parte de esta obra puede ser reproducida, distribuida, almacenada, transmitida o publicada en ningún medio sin previo permiso por escrito.
Edición del 2016: Denise Bossert, Julia DiSalvo, y Joan McKamey. Arte/Diseño: Lorena Mitre Jiménez. Imágenes: Shutterstock. © Copyright 1993, 2005, 2016 Libros Liguori, Liguori, MO 63057. www.liguori.org. Todos los derechos reservados. Publicado con licencia eclesiástica. Textos de la Escritura tomados de la Biblia de Jerusalén Latinoamericana, Desclee de Brower, Bilbao, España. Todos los derechos reservados. Los textos del Catecismo de la Iglesia Católica y demás textos pontificios fueron tomados con permiso de Librería Editrice Vaticana, versión en español. Impreso en los Estados Unidos de América.
20 19 18 17 16 / 5 4 3 2 1. Tercera edición.

LIBROS LIGUORI

Diario

Pida a los participantes que reflexionen sobre su jornada de fe. Anímeles a revisar sus líneas de tiempos y los hitos que registraron para esta lección C1. Guíelos en sus respuestas a las preguntas de motivación de la lección y a las siguientes preguntas; ¿En qué me parezco a Abraham en lo que al seguimiento de los dictados del Señor se refiere? ¿Cuándo he sido como los hermanos de José y he visto a Dios usar mis errores para mayor gloria suya? ¿Cuál es mi historia de fe y mi linaje?

Oración final

Pida a los participantes y espónsores que expongan sus intenciones particulares y recen entonces todos juntos este fragmento de Éxodo 15:

Canto a Yahveh pues se cubrió de

gloria arrojando en el mar caballo y

carro.

Mi fortaleza y mi canción es Yahveh.

Él es mi salvación.

Él, mi Dios, yo le

glorifico, el Dios de mi padre, a quien

exalto…

Tu diestra, Yahveh, relumbra por

su fuerza; tu diestra, Yahveh, aplasta al

enemigo.

En tu gloria inmensa derribas tus

contrarios, desatas tu furor y los

devoras

como paja….

Tendiste tu diestra y los tragó la

tierra.

Guiaste en tu bondad al pueblo

rescatado.

Tu poder los condujo a tu

santa morada.

Tú le llevas y le plantas en el

monte de tu herencia, hasta el lugar que

tú te has preparado para tu sede, ¡oh

Yahveh! Al santuario, Adonay, que tus

manos prepararon.

¡Yahveh reinará por siempre jamás!

Tarea

Lección C11: *La Iglesia Inicial* da continuación a la narración bíblica y al estudio de la historia de la salvación. Pasa del establecimiento del y la protección al pueblo de Dios en el Antiguo Testamento al cumplimiento de la alianza, la salvación de los fieles y el establecimiento de la Iglesia cristiana a través de Jesús en el Nuevo Testamento.

Invite a los participantes a repasar la lección de discernimiento Q4, *¿Quién es Jesucristo?* y a prestar atención especial a las segundas lecturas (epístolas) de la misa durante las próximas semanas. Anímelos a usar la Oración del Señor y la Doxología como oración cotidiana y sencilla.

Catecismo: 731–76

Objetivos

Los participantes…

- reconocerán que la Iglesia de los primeros tiempos tuvo su inicio en Pentecostés.

- comprenderán lo impar de las respectivas vocaciones de los santos Pedro y Pablo de predicar para el pueblo judío y los gentiles.

- rememorarán los principales acontecimientos y tendencias de la historia y la práctica de la Iglesia durante sus tres primeros siglos, incluidos el martirio de san Esteban, la persecución a los cristianos y el Edicto de Milán de Constantino.

Meditación del maestro

Mateo 10:5–42

Lea y reflexione sobre la misión de los apóstoles. ¿En qué es similar la misión de usted como testigo de Cristo? ¿Cuándo se ha sentido igual a "una oveja en medio de lobos"? ¿Cuándo se ha sentido confortado por las palabras de Cristo, "Hasta los cabellos de vuestra cabeza están todos contados. No temáis."?

Preparación del maestro

- Lea la lección, este plan de clase, la lectura inicial y las secciones del *Catecismo*.

- Familiarícese con los términos: Pentecostés, misionero. Las definiciones se encuentran en el glosario de esta guía.

- Consiga copias del Credo de los Apóstoles para los participantes que no tengan una.

Bienvenida

Salude cada persona a su llegada. Chequee los suministros y las necesidades inmediatas. Pídales que formulen preguntas o comentarios acerca de la sesión anterior. Comience rápidamente.

Lectura inicial

Mateo 10:5–42

Encienda la vela y lea el pasaje en voz alta. Destaque especialmente las instrucciones de Jesús de que sus discípulos han de ir donde "las ovejas perdidas de Israel" para "proclamar el Reino de Dios y a curar", y han de dar sin recibir pago. Pida a los participantes que mencionen modos en los que la Iglesia todavía lleva a cabo su misión.

> Ante todo está la elección de los Doce con Pedro como su Cabeza; puesto que representan a las doce tribus de Israel, ellos son los cimientos de la nueva Jerusalén. Los Doce y los otros discípulos participan en la misión de Cristo, en su poder, y también en su suerte.
>
> *CIC 765*

Jornada de Fe

En breve:

- La venida del Espíritu Santo en Pentecostés marca el inicio de la Iglesia.

- Los seguidores de Cristo pronto se convirtieron en algo más que una secta del judaísmo y comenzaron a aceptar a no judíos.

- Perseguir a los cristianos fue algo común hasta que Constantino decretó la tolerancia religiosa.

La Iglesia de los inicios

Los católicos toman la venida del Espíritu Santo en Pentecostés como el inicio de la Iglesia. El Espíritu ha ayudado a los creyentes a extender el mensaje de Cristo. Los primeros seguidores de Jesús nunca imaginaron que la Iglesia se convertiría en lo que actualmente es: una religión con más de mil millones de fieles repartidos por todo el mundo.

¿Fundó Jesús la Iglesia?

Es claro, después de leer el Nuevo Testamento, que Jesús fundó una Iglesia y que escogió un grupo de doce para que lo siguiera. Nombró a Pedro como jefe de la Iglesia:

"Jesús le dijo: 'Bienaventurado eres Simón, hijo de Jonás, porque no te ha revelado esto la carne ni la sangre, sino mi Padre que está en los cielos. Y yo a mi vez te digo que tú eres Pedro, y sobre esta piedra edificaré mi Iglesia y las puertas del abismo no podrán vencerla'".

Mateo 16:17–18

El nuevo nombre de Pedro significa en Arameo y Griego "piedra" y por lo mismo el apóstol se convirtió en el fundamento de la Iglesia de Cristo.

A los apóstoles se les encargó difundir la Buena Nueva de Cristo hasta los confines de la tierra. Iban a hablar en el nombre de Jesús. Al afrontar las diversas circunstancias de la vida cotidiana y discernir el camino más adecuado con la ayuda del Espíritu Santo, pudieron comprender mejor el camino por el cual Dios los estaba guiando.

El día en que nació la Iglesia

La venida del Espíritu Santo en **Pentecostés** es considerada como el nacimiento de la Iglesia. Después de que Jesús ascendió al cielo, los Doce temieron por su vida y se encerraron en un cuarto. Como Jesús lo había indicado, los apóstoles y María, la Madre de Jesús, estuvieron orando y esperando al Espíritu Santo.

"De repente vino del cielo un ruido como una impetuosa ráfaga de viento, que llenó toda la casa en la que se encontraban. Se les aparecieron unas lenguas como de fuego que se repartieron y se posaron sobre cada uno de ellos; se llenaron todos de Espíritu Santo y se pusieron a hablar en diversas lenguas, según el Espíritu les concedía expresarse".

Hechos 2:2–4

Aunque los apóstoles hablaban arameo, los judíos que no vivían en Israel y que estaban celebrando la fiesta de Pentecostés en Jerusalén, pudieron entenderles. Cada uno podía oír las palabras de los apóstoles en su propia lengua.

En aquel día, Pedro habló de que el Mesías, anunciado desde antiguo, había venido y había sido crucificado. Mucha gente se bautizó en esa ocasión.

CIC 731–76

La Iglesia de los inicios

Pida a los participantes que describan sus propias experiencias de nuevos comienzos. Ponga énfasis es que la incertidumbre es parte importante del crecimiento, el crecimiento casi siempre implica cometer errores.

¿Fundó Jesús la Iglesia?

Explique a los catecúmenos el significado y la importancia de la palabra *comisionado:* designado para el cumplimiento de un fin o misión especial. Los apóstoles fueron comisionados por Jesús para difundir la buena nueva; en el bautismo cristiano ellos recibirán (y los candidatos ya han recibido) la comisión de hacer lo mismo.

¿Cristianos o judíos?

Aclare que a pesar de que los judíos no son miembros del cuerpo de Cristo ni enseñan la totalidad de la verdad, ellos aún conservan la alianza, las promesas las revelaciones del Antiguo Testamento (*CIC* 839–40). La Iglesia los honra como antecesores de la fe y continúa dialogando con líderes judíos con la esperanza de lograr la plena unidad.

Discuta los rituales practicados en la Iglesia de los inicios que siguen siendo importantes para la Iglesia de hoy –la fracción del pan, la escucha de la Palabra, el bautismo tras un periodo de instrucción (el *RICA*). Usted también puede repasar las raíces judías de los sacramentos y de otras prácticas católicas –remitiendo a los participantes a lecciones anteriores de ser necesario- para profundizar en esta continuidad:

Los ejemplos incluyen la proclamación de la Escritura en la sinagoga (Lucas 4:16–22), canto/recitación de salmos (Efesios 5:18–19; Colosenses 3:16), y las raíces de la Eucaristía en el Seder Pascual y otras normas litúrgicas (Éxodo 12; Levítico 23; Deuteronomio 16; Mateo 5:17–20; CIC 1164, 2175).

El deseo de las Buenas Nuevas

Invite a los participantes a compartir con los demás sus respuestas a la pregunta, "¿Qué le ofrece el cristianismo que no ha encontrado en ninguna otra parte?" Pregúnteles cómo pudieran incorporar esos dones o verdades a sus vidas para que su testimonio personal pueda atraer a otros a la Iglesia.

¿Cristianos o judíos?

Los primeros seguidores de Cristo siguieron enraizados en su tradición judía, incluso aunque creían en Jesús como el Mesías largamente esperado. Esperaban el regreso de Cristo y su reino eterno.

El Mesías crucificado estaba destinado a convertirse en una piedra de escándalo para los judíos. Si bien los seguidores de Jesús oraban en el Templo como buenos judíos, también se reunían en privado en casa para la "fracción del pan", el sacrificio que el Salvador las había dejado. El rito era una promesa de su regreso. La Eucaristía era el vínculo que los iba a mantener unidos hasta su regreso.

Ese vínculo todavía nos mantiene unidos como un solo cuerpo.

- *¿De qué forma responde Jesús a las expectativas de los judíos que lo aceptaron como Mesías? ¿Cómo puede Jesús responder también a tus expectativas?*

¿En qué momento los cristianos se separaron del Judaísmo?

El Judaísmo que podía haber tolerado a los seguidores de Cristo, no pudo tolerar a Esteban, quien hablaba de Jesús y le restaba importancia al Templo. Esteban daba más importancia al culto a Dios en espíritu y verdad, y no solo en el Templo. Esteban murió lapidado por la muchedumbre. La muerte de Esteban por su fe lo convirtió en el primer mártir cristiano. La Sagrada Escritura recoge sus últimas palabras:

> "Señor Jesús, recibe mi espíritu (…) Señor, no les tengas en cuenta este pecado".
>
> *Hechos 7:59–60*

El Cristianismo se extiende

Una persecución contra los cristianos estalló en Jerusalén (ver Hechos 8:1). Esto hizo que la mayoría de los seguidores de Jesús dejara la ciudad. Para cuando los romanos destruyeron el Templo en el año 70, el Cristianismo ya se había extendido más allá de Jerusalén.

En Antioquía, los discípulos se dieron cuenta de que ya no eran judíos que esperaban al Mesías. ¡El Mesías ya había venido y su nombre era Jesucristo! Por ello, se les comenzó a llamar "cristianos". El nombre se popularizó (ver Hechos 11:26).

Cuando Pedro recibió al centurión romano Cornelio, en la Iglesia, el Espíritu Santo les mostró a todos los fieles que la salvación era para todos los pueblos y no solo para los judíos.

Un celoso fariseo llamado Saulo se opuso a la naciente comunidad de fe. Estaba decidido a eliminarla. Un encuentro con Jesús resucitado convirtió a Saulo al Cristianismo (Hechos 9:1–9).

Saulo, ahora llamado Pablo, se convirtió en un gran **misionero** cristiano, llevando la Buena Noticia de Cristo a los demás. Primero predicó a los judíos, pero cuando estos lo rechazaron, se dirigió a los gentiles, es decir, gente que no era judía. Pablo tuvo que afrontar muchos conflictos, algunos provenientes de los judíos quienes lo tenían por traidor, y otros de aquellos que se ganaban la vida gracias al culto a los ídolos; pero también logró numerosas conversiones.

- *¿Quién ayudó a Jesús para que tú pudieras conocer la Buena Nueva?*

El deseo de las Buenas Nuevas

El Cristianismo se extendió rápidamente. Dios se sirvió de diversos medios para abrir los corazones al don de la salvación.

La moralidad pública del Imperio Romano era muy baja. El divorcio había destruido la vida familiar de la clase alta. Los emperadores y gobernantes pagaban espectáculos públicos llenos de sangre, lujuria e inmoralidad para

mantener a la gente entretenida. El culto público a dioses mitológicos, apoyado por el gobierno para mantener el orden, no fomentaba la vida moral u ofrecía una esperanza para afrontar la muerte. Muchas religiones de Egipto y Persia alejaban a la gente todavía más de Dios.

La reacción ante la inmoralidad y la brutalidad —así como una preocupación por alcanzar la salvación después de la muerte— hizo que muchas personas acogieran la Buena Nueva de Cristo. Roma toleraba las diferentes creencias religiosas, lo cual significaba que los cristianos podían vivir en paz. A pesar de las persecuciones que vinieron más tarde, había varios millones de creyentes para el año 300.

• ¿Qué te ofrece el Cristianismo que no hayas encontrado en otra parte?

¿Por qué fueron perseguidos los cristianos?

Durante el incendio de Roma, en el año 64, Nerón acusó a los cristianos de haberlo causado. Hizo que los crucificaran y que les prendieran fuego convirtiéndolos en antorchas humanas. Fue durante la persecución de Nerón que tanto Pedro como Pablo murieron como mártires de Cristo.

Los cristianos se convirtieron fácilmente en chivos expiatorios; Nerón los culpó de todos los males y decretó que nadie podía profesar el Cristianismo. Los romanos acusaron a los cristianos de crímenes y de comportamientos terribles, desde traición (porque se negaban a rendir culto al emperador) hasta canibalismo porque no entendían correctamente la Eucaristía.

Para el siglo III, el creciente número de cristianos puso en evidencia que las persecuciones no habían sido eficaces. Cada vez que un cristiano moría por su fe, los demás se daban cuenta de que había algo poco común y especial en ese grupo, haciendo que más personas se bautizaran. Esta dinámica tuvo resultados que los opresores no habían previsto y, paradójicamente, la persecución llevó al crecimiento del Cristianismo.

• ¿Cuándo te has sentido perseguido por tu fe?

Dificultades internas

La Iglesia de los inicios también tuvo que afrontar dificultades internas. Muchos cristianos renegaron de su fe para poder salvar su vida en tiempo de persecución y después querían volver a la Iglesia cuando las persecuciones habían terminado. Las comunidades cristianas estaban divididas sobre qué hacer con ellos. Decidieron volver a aceptarlos después de que hicieran una penitencia pública.

La vida en la Iglesia de los inicios

A pesar de la persecución y de las disputas doctrinales, la Iglesia se desarrolló y creció. Después de una larga instrucción, los nuevos miembros eran bautizados, por lo general, por inmersión en un río. La ceremonia de la fracción del pan, la Eucaristía o Misa, mantenía unida a la comunidad cristiana en el Cuerpo y Sangre de Cristo, verdaderamente presente en el sacramento.

Cuando los cristianos bautizados pecaban y buscaban el perdón, eran perdonados y se les daba una penitencia para mostrar su contrición y firme propósito de seguir a Cristo de forma renovada.

Los obispos, como sucesores de los apóstoles, cuidaban pastoralmente a la Iglesia en sus diversos aspectos. En comunidades más grandes, el obispo ordenaba presbíteros (sacerdotes) para que lo asistieran en su misión. Los diáconos se encargaban de las diversas obras de caridad de la Iglesia, instruían a los fieles y distribuían la Comunión.

Cada obispo que sucedía a Pedro como obispo de Roma (el papa) era visto como alguien que tenía una autoridad más amplia en la Iglesia. Ya desde el año 97, el Papa Clemente de Roma utilizó su autoridad para dirimir una disputa que surgió en la de Corinto.

San Ireneo (130-200) dijo que si un obispo local enseñaba lo que enseñaba el obispo de Roma, él seguramente estaba enseñando la fe de Cristo: "Es necesario que cualquier Iglesia esté en armonía con esta Iglesia, cuya fundación es la más garantizada —me refiero a todos los fieles de cualquier lugar—, porque en ella todos los que se encuentran en todas partes han conservado la Tradición apostólica" (*Contra los herejes*, 3:3:2).

¿Por qué fueron perseguidos los cristianos?

Pregunte a los participantes si alguna vez se han sentido (o se sienten en la actualidad) como una oveja entre lobos. Invítelos a compartir y anotar en sus diarios sus respuestas a esta pregunta y a las de la lección, "¿Cuándo ha experimentado usted el estar siendo perseguido?" Si un participante está batallando contra una auténtica persecución o tiene la sensación de estar siendo perseguido por un familiar cercano, amigos o la propia Iglesia, ofrézcale personalmente algún tipo de apoyo personal o pastoral.

Analice por qué a veces los cristianos tendrán conflictos con o estarán en contra de la cultura secular, política, dominante, o popular. Recuerde a los catecúmenos que las palabras, acciones y vida de Jesús también generaron escándalo y disgusto entre los líderes religiosos y políticos de su tiempo. La Iglesia sigue la verdad de Cristo y proclama la forma de alcanzar el bien común atrayendo a otros a la salvación y la unidad, y de hacer realidad la dignidad y el propósito de la persona humana. No todos creerán, entenderán o practicarán lo mismo que nosotros, pero nosotros creemos que el conocimiento total (la revelación) y la manifestación del reino de Dios están todavía por llegar.

La vida en la Iglesia de los inicios

Compare la jornada de fe de la Iglesia de los inicios con las jornadas de fe personales de los presentes. Convenza a los participantes de que la mayoría de los cristianos pasan por periodos de incertidumbre, prueba y colosal crecimiento. Si se dispone de tiempo, ofrezca ejemplos de santos.

Constantino y el Cristianismo

En el 303, Dioclesiano desató la peor persecución, provocando la muerte de miles de cristianos en Asia Menor, África y Grecia. Esta persecución continuó con sus dos sucesores. En el 312, en la batalla del Puente Milvio, el emperador de Occidente, Constantino, tuvo un sueño en el que Cristo le decía que usara el signo de la cruz contra sus enemigos. Constantino mando poner una cruz en los escudos de sus soldados.

Constantino ganó la batalla y le dio el crédito de la misma al Dios de los cristianos. En el 313, decretó que a nadie "le podía ser negada la oportunidad de entregar su corazón a la observancia de la religión cristiana" (Edicto de Milán). Finalmente, los cristianos podían vivir y proclamar su fe abiertamente.

- ¿Cómo sería el mundo actualmente sin la presencia e influencia del Cristianismo?

- Se dice que nosotros nos apoyamos en los hombros de quienes nos precedieron. ¿Qué significa eso para ti a la luz de lo que has aprendido sobre la historia de la Iglesia?

Jornada de Fe para adultos: Catecumenado, C11 (826924)
Imprimi Potest: Stephen T. Rehrauer, CSsR, Provincial de la Provincia de Denver.
Imprimatur: "Conforme al C. 827, Mons. Edward Rice, obispo auxiliar de St. Louis, concedió el Imprimátur para la publicación de este libro el 17 de mayo de 2016. El Imprimátur es un permiso para la publicación que indica que la obra no contiene contradicciones con las enseñanzas de la Iglesia Católica, sin embargo no implica la aprobación de las opiniones que se expresan en ella. Con este permiso no se asume ninguna responsabilidad". Jornada de Fe © 2000, 2016 Liguori Publications, Liguori, MO 63057. Para hacer pedidos, visite Liguori.org o llame al 800-325-9521. Liguori Publications, corporación no lucrativa, es un apostolado de los Redentoristas. Para saber más acerca de los Redentoristas visite "Redemptorist.com." Todos los derechos reservados. Ninguna parte de esta obra puede ser reproducida, distribuida, almacenada, transmitida o publicada en ningún medio sin previo permiso por escrito.

Edición del 2016: Denise Bossert, Julia DiSalvo, y Joan McKamey. Arte/Diseño: Lorena Mitre Jiménez. Imágenes: Shutterstock © Copyright 1993, 2005, 2016 Libros Liguori, Liguori, MO 63057 www.liguori.org. Todos los derechos reservados. Publicado con licencia eclesiástica. Textos de la Escritura tomados de la *Biblia de Jerusalén Latinoamericana*, Desclée de Brower, Bilbao, España. Todos los derechos reservados. Los textos del Catecismo de la Iglesia Católica y demás textos pontificios fueron tomados con permiso de *Libreria Editrice Vaticana*; versión en español. Impreso en los Estados Unidos de América.
20 19 18 17 16 / 5 4 3 2 1. Tercera edición.

LIBROS LIGUORI

Diario

Explique que el don de la fe es una bendición y una responsabilidad. Anime a los participantes a reflexionar más en sus historias de vida y a contar en sus diarios por qué sienten que Dios les está llamando a la Iglesia. Pregúnteles, "¿Qué les ayuda a mantenerse fieles al llamado? ¿Cuál pudiera ser el próximo capítulo en su historia de santidad?"

Oración final

Después de hacer mención de las intenciones particulares, reciten en grupo el Credo de los Apóstoles. Si solo tiene una copia, puede que decida hacerla circular en el grupo para que cada participante lea unas pocas líneas antes de pasarlo a la siguiente persona.

Tarea

La lección C12: *Historia de la Iglesia* prosigue la reseña de la Iglesia en tiempos de Constantino y hasta el siglo veintiuno. Anime a los participantes, y especialmente a los candidatos protestantes, a preparar preguntas específicas acerca de acontecimientos importantes de la Iglesia, tales como las Cruzadas, la Reforma y el Vaticano II. Si bien puede que no todas sean contestadas a su total satisfacción, ciertamente saldrán a la luz preocupaciones o malentendidos que indicarán a los líderes en qué se necesita más formación o información.

Invítelos a repasar las lecciones indagatorias P6: *La Revelación Divina* y P13: *La Iglesia como Comunidad*, en las que se analiza la naturaleza de la Iglesia y sus doctrinas que trascienden la jerarquía institucional, pero se fundamentan y unifican en esta.

Catecismo: 811–70

Objetivos

Los participantes…

• identificarán los principales acontecimientos y tendencias—tanto positivos como negativos—de la historia de la Iglesia desde el Edicto de Milán en el año 313 hasta el Vaticano II en los '60 del siglo veinte, y más acá.

• recordarán a diversas figuras, santos e institutos religiosos que ayudaron a modelar y guiar la Iglesia a lo largo de su historia.

• Reconocerán que el Espíritu Santo guía y protege a la Iglesia tanto de los problemas externos como de los internos.

Meditación del maestro

Mateo 28:16–20

Jesús insufló vida a su Iglesia y estas palabras todavía mantienen unida a la Iglesia y le dan hoy vida: "yo estoy con vosotros todos los días hasta el fin del mundo." Sosiéguese y escuche a Jesús diciéndole esas palabras a usted. Háblele como le hablaría a un amigo, su Salvador, su Creador, el Señor eucarístico que tan íntimamente viene a usted en la misa —porque Él es todas esas cosas. Contemple la realidad de que Dios ha estado presente para y en su pueblo durante toda la historia. El Señor, que guía a la Iglesia, promete estar con cada uno de nosotros cada día. Determine algunos de los modos de compartir esa asombrosa verdad con cada participante en el *RICA* y de implementarlos.

Preparación del maestro

• Lea la lección, este plan de clase, la lectura inicial y las secciones del *Catecismo*.

• Familiarícese con los términos: herejía, cisma, denominación. Las definiciones se encuentran en el glosario de esta guía.

• Recopile algunos materiales o referencias básicas sobre la historia de la Iglesia para distribuir entre los participantes (o prestárselos). Medios auxiliares de audio o vídeo tales como líneas del tiempo, gráficos, ilustraciones y artículos noticiosos le ayudarán a crear el contexto y a hacer que esos acontecimientos y figuras cobren vida.

Bienvenida

Salude a cada persona a su llegada. Chequee los suministros y las necesidades inmediatas. Pídales que formulen preguntas o comentarios acerca de la sesión anterior. Comience la sesión rápidamente.

Lectura inicial

Mateo 28:16–20

Encienda la vela y lea el pasaje en voz alta. Señale los muchos aspectos de esa escena que están todavía hoy presentes en la Iglesia: discípulos devotos y discípulos vacilantes, el llamado a bautizar y obedecer los Mandamientos, la ayuda de Dios y la necesidad de evangelizar a otros. Pregunte a los participantes, "¿Fue este mensaje solo para los apóstoles o está también dirigido a todos los que nos encontramos hoy aquí?"

> (La Iglesia) es católica porque Cristo está presente en ella. En este sentido fundamental, era católica el día de Pentecostés y lo será siempre hasta el día de la Parusía.
>
> *CIC 830*

Jornada de Fe

En breve:

- La Iglesia tiene una historia rica y variada.
- Los santos y las órdenes religiosas ayudaron a formar la Iglesia.
- El Espíritu guía la Iglesia.

Historia de la Iglesia

La historia de tu vida refleja los eventos y experiencias que hicieron de ti quien eres. Para saber realmente quién eres, es necesario conocer los momentos más importantes de tu historia. Lo mismo sucede con la Iglesia Católica. Al igual que nuestra historia personal de fe, la historia de la Iglesia es una jornada de fe.

> - *Piensa en algún evento de tu propia jornada de fe que haya influido de manera decisiva en quien eres ahora.*

Libertad religiosa

En el 313, Constantino decretó que a nadie "le podía ser negada la oportunidad de entregar su corazón a la observancia de la religión cristiana" (Edicto de Milán). Los cristianos finalmente podían vivir y proclamar su fe abiertamente.

Libres del temor a la persecución, los cristianos tuvieron tiempo para reflexionar en las verdades reveladas por Dios a través de Jesucristo. Muchos grandes pensadores reflexionaron en la forma en que la Iglesia veía a Dios. En este periodo también surgieron algunos cuyo pensamiento se alejaba mucho de lo que Jesús había enseñado durante su ministerio en la tierra.

Aparecieron las **herejías**, las cuales son creencias u opiniones que contradicen directamente la enseñanza oficial de la Iglesia. Una herejía sostenía que Jesús no era Dios y otra que no era humano. Algunos emperadores apoyaron algunas herejías y ejecutaron a los cristianos que no las aceptaban.

Incluso con estas dificultades, disminuyó el número de mártires (cristianos que morían por su fe) a medida que el Cristianismo ganaba mayor aceptación en el Imperio Romano. Los cristianos encontraron nuevas formas de dedicar sus vidas a Jesús. Algunos escogieron ir al desierto para dedicarse a la oración y a la penitencia. Estos hombres y mujeres pensaban que la vida solitaria los mantendría lejos de la corrupción de la sociedad. Las comunidades religiosas se fueron formando conforme la gente se unía poco a poco a estos hombres y mujeres santos. Otros cristianos llevaron su fe a las obras a través de la acción social. Ofrecieron cuidado lleno de compasión a los pobres, a los enfermos, a los moribundos y a los abandonados.

> - *¿Qué encontraron los eremitas en el desierto que no podían encontrar en la vida ordinaria?*
> - *¿Cómo puedes hacer para crear un espacio similar al desierto en tu vida ordinaria?*

CIC 811–870

Historia de la Iglesia

Invite a los participantes a compartir sus respuestas a la pregunta inicial (un acontecimiento de vida que influyó en su jornada de fe o en quién es hoy). Enfatice que también la iglesia tiene una larga historia; la Iglesia no está estancada, sino que cambia y crece constantemente. Aclare que esto no significa que Dios o la verdad cambien sino, simplemente, que la Iglesia descubre nuevas revelaciones y aplicaciones de los principios y valores cristianos a nuestro cambiante mundo.

Libertad religiosa

Aclare la diferencia entre herejía e ignorancia. Explique que algunos pueden no estar de acuerdo con las enseñanzas de la Iglesia porque no las entienden plenamente o son llevados por el camino equivocado por falsos maestros. Otros simplemente se enfrascan en una lucha por aceptarlas porque necesitan más fe. Un verdadero hereje rechaza la verdad y se cierra a la palabra de Dios. Si resulta de ayuda, lea en voz alta esta cita del *Catecismo*: "Tales rupturas que lesionan la unidad del Cuerpo de Cristo (se distingue la herejía, la apostasía y el cisma) no se producen sin el pecado de los hombres" (*CIC* 817).

Destaque que aun en la Iglesia de los primeros tiempos, la libertad religiosa abarcaba más que el culto público e incluía la devoción privada, la vida moral y la acción social. Cuando hoy la Iglesia defiende la libertad religiosa, está tratando de proteger nuestra capacidad para vivir de acuerdo con la verdad y proclamarla a los demás.

Conquista, caída y confusión

Pida a los participantes que reflexionen en sus diarios sobre cualquier duda importante que hayan experimentado (o estén experimentando ahora) acerca de Dios, la Iglesia o la vida moral del cristiano. Es probable que esas cuestiones hayan surgido en otro momento de la historia de la Iglesia y hayan tenido respuesta. Anímelos a encontrar las respuestas en las Escrituras, el magisterio, sus espónsores y otras fuentes confiables.

Enfatice que, debido a que la Iglesia está compuesta por seres humanos, ha habido líderes y pensadores de la Iglesia que se han desviado del curso trazado por Jesús. Nuestra esperanza está depositada no solo en individuos o en instituciones, sino en el Espíritu Santo que obra a través de instrumentos y carismas para mantenernos en el rumbo correcto y en la gracia de Dios.

Conquista, caída y confusión

En el siglo V, el Imperio Romano comenzó a colapsar debido a las invasiones de las tribus bárbaras. Los obispos se convirtieron en las únicas autoridades en las que el pueblo podía confiar, no solo para la enseñanza de la fe, sino también para mantener el orden social. Es comprensible que los cristianos de Roma, al inicio, no quisieran tener nada que ver con los conquistadores bárbaros. Al final, los cristianos trabajaron por civilizar y convertir a los invasores.

Como **misioneros**, estos hombres y mujeres trabajaron para llevar la fe a los no creyentes, a menudo a través de obras sociales. Los monasterios y las parroquias se fundaron para llevar a los recién convertidos a un conocimiento más profundo del Cristianismo. Los monjes con mayor instrucción ayudaron a enseñar a la gente, mientras las parroquias hicieron del Cristianismo el centro de la vida comunitaria. La Iglesia prácticamente era la única que atendía a los pobres. Los miembros del clero (funcionarios de la Iglesia ordenados) fueron utilizados por los invasores como embajadores y líderes públicos.

Surgieron serios problemas como consecuencia de los estrechos vínculos entre la Iglesia y el poder temporal. Los nobles decidían quiénes iba a ser obispos, eligiendo a menudo hombres que apoyaban sus intereses más que los intereses del Evangelio. Los sacerdotes eran nombrados por los grandes propietarios de la tierra y a menudo tenían poca o nula formación. Muchos miembros del clero y religiosos terminaron por estar más interesados en las posesiones materiales y en el poder que en predicar la Buena Nueva.

- ¿A quién buscas para encontrar luz y verdad en momentos de confusión? ¿De qué forma puede esa persona y organización ser un canal para que recibas la sabiduría de Dios?

Volver a lo esencial

Los siglos XI y XII vieron el florecimiento de las grandes universidades, de la arquitectura gótica y de excelentes pensadores e intelectuales. Estos siglos trajeron también nuevos problemas a la Iglesia. En 1054, un desacuerdo sobre el primado del papa y sobre cómo hablar del Espíritu Santo en el Credo condujo a un **cisma** o división entre la Iglesia de Oriente (ortodoxa) y la Iglesia de Roma.

San Bernardo (1090–1153) y otros hicieron una reforma en las comunidades religiosas, pidiéndoles que volvieran a una vida de oración. La reforma se extendió por toda la Iglesia. Finalmente, el Papa Gregorio VII recuperó para el Papado la autoridad de nombrar al clero prohibiendo que lo siguieran haciendo los nobles.

Las Cruzadas (1095–1291) estuvieron animadas por el noble deseo de proteger los lugares santos del Cristianismo, pero también por motivos menos nobles, como la avaricia y la sed de poder. En una serie de expediciones militares, los cristianos de Europa Occidental lucharon para quitar a los musulmanes el dominio de la Tierra Santa.

Si bien las Cruzadas siguieron la mayor parte del siglo XIII, la Iglesia de esta época también tuvo personajes de gran virtud. San Francisco de Asís y santo Domingo cambiaron la forma en que se predicaba la fe. Los monasterios preservaron las enseñanzas de la Iglesia, pero también perdieron contacto con la gente ordinaria que necesitaba dichas enseñanzas. Francisco, Domingo y sus seguidores llevaron el mensaje evangélico a las calles y vivieron pobremente entre las personas. Santo Tomás de Aquino, un sacerdote dominico, fue un importante filósofo y teólogo de esta época.

- Una reforma a menudo conduce a una renovación. ¿Cuándo has experimentado una nueva vida, energía, claridad en tus metas como consecuencia de cambiar tu forma de hacer las cosas?

Volver a lo esencial

Remita (o dirija) a los participantes a materiales o recursos adicionales en busca de detalles relativos al Gran Cisma, las Cruzadas, la Inquisición, la Reforma Protestante u otros acontecimientos (ver Actividad más abajo). Evite confundir a los participantes con especulaciones o comentarios. Limítese a los hechos básicos y las fuentes autorizadas.

El llamado a la Reforma

Los siglos XIV y XV estuvieron llenos de confusión. Hubo momentos en que dos o tres personajes afirmaban simultáneamente ser el papa. Creció la corrupción entre los líderes de la Iglesia y el poder temporal interfirió todavía más en los asuntos eclesiales. Santa Catalina de Siena y otros personajes importantes hicieron un llamado a la Reforma.

En 1517, Marín Lutero, en monje católico, pidió que terminaran los abusos en la Iglesia. Él buscaba una reforma, no una nueva Iglesia. Sin embargo, la falta de comunicación, la cerrazón mental de ambas partes y las interferencias del poder temporal lo empujaron a tomar una postura "protestante" y a romper con el Catolicismo. A esta división siguieron más divisiones y desde entonces el Cristianismo se ha dividido en miles de **denominaciones**.

La *Reforma Protestante* obligó al papa y a los obispos a actuar rápidamente. El Concilio de Trento (1545–1536) expuso con mayor claridad la fe católica, corrigió abusos y creó el sistema de los seminarios para formar al clero. Nuevas órdenes religiosas comenzaron a trabajar en favor de la renovación y el crecimiento espiritual.

- ¿De qué forma la preocupación de la Iglesia por el servicio social encuentra sus raíces en el ministerio de Jesús?

La llamada al servicio

El servicio social y forjar una espiritualidad para la vida ordinaria fue la principal preocupación en los siglos XVII y XVIII. San Francisco de Sales escribió libros animando a los laicos (los católicos no ordenados) a buscar la santidad. San Vicente de Paúl y santa Luisa de Marillac fundaron organizaciones para ayudar a los pobres. Crearon grupos de laicos llamados "cofradías" para dirigir orfanatos, asilos de ancianos y servicios en las parroquias para los más necesitados.

El Catolicismo en los Estados Unidos

A inicios del siglo XIX, los católicos eran un grupo pequeño e insignificante en los Estados Unidos. Para la Guerra Civil se habían convertido ya el grupo religioso más grande del país, llegando a tres millones y medio de fieles.

Este incremento se debió a la gran cantidad de inmigrantes provenientes de Irlanda y Alemania. Más tarde, llegaron muchos católicos de Polonia, Italia, México, Canadá y de los países de Europa del Este. Los inmigrantes católicos estuvieron sujetos a menudo a la discriminación y a malinterpretaciones.

La Doctrina Social de la Iglesia en tiempos modernos comenzó después de la Revolución Industrial. En 1891, el Papa León XIII habló en favor de los derechos de los obreros. Estaba convencido de que los trabajadores tenían derecho a salarios justos y a condiciones de trabajo seguras, y que para conseguir esto era legítimo que formaran sindicatos e incluso organizaran huelgas.

La Iglesia del siglo XX

El Concilio Vaticano II (1962-65) analizó detalladamente a la Iglesia y su relación con el mundo moderno. El Concilio hizo adaptaciones en el culto y en la práctica de la fe. Llamando a la Iglesia el "Pueblo de Dios" y afirmando la "llamada universal a la santidad", el Concilio invitó a los laicos a involucrarse más en la vida de la Iglesia y a renovar sus esfuerzos por seguir a Cristo.

> *"Contribuyan [los laicos] a la santificación del mundo desde dentro, a modo de fermento. Y así hagan manifiesto a Cristo ante los demás, primordialmente mediante el testimonio de su vida, por la irradiación de la fe, la esperanza y la caridad".*
>
> cfr. Lumen Gentium, 31

Muchos católicos entregan sus vidas con generosidad para hacer progresar la paz y la justicia. Dorothy Day, cofundadora del Movimiento del Trabajador Católico, y santa Teresa de Calcuta, fundadora de las Misioneras de la Caridad en la India, trabajaron heroicamente por mostrar el amor de Dios a los pobres.

Durante su periodo como Papa (1978-2005), san Juan Pablo II pidió perdón por los pecados cometidos por la Iglesia a lo largo de los siglos. Algunos de los pecados por él mencionados fueron la censura a Galileo, la participación de los católicos en el tráfico de esclavos, injusticias contra la mujer, pasividad y silencio durante el Holocausto y los abusos sexuales por parte de miembros del clero.

El llamado a la Reforma

Invite a los candidatos a hablar sobre cómo han cambiado sus puntos de vista sobre la iglesia católica después de entrar al proceso del *RICA*. Pregúnteles, "¿Qué creencias o prejuicios han sido esclarecidos por la verdad?" ¿Qué desafíos han sido superados (o permanecen)?" Ratifique el trabajo de conversión que ellos llevan actualmente a cabo.

El Catolicismo en los Estados Unidos

Enfatice la importancia de tener una Iglesia *universal* y los retos que ello plantea. Cada cultura, lenguaje, rito, nación, tribu y generación aporta un impar don a la Iglesia y al mundo, pero tiene también necesidades espirituales que le son únicas. Según se van incrementando la globalización y la diversidad, nosotros permanecemos unidos en nuestro único y eterno Dios.

Destaque que la doctrina social católica será analizada en detalle en la lección C16: "La Justicia Social."

La Iglesia del siglo XX

Discuta los importantes cambios ocurridos en el pensamiento de la Iglesia como resultado del Concilio Vaticano Segundo, como son los casos del papel del laico, las reformas a la liturgia para que se hiciese más significativa para el pueblo al participar de su idioma y su cultura, y la importancia de la justicia social. Remita (o dirija) a los participantes a materiales o recursos adicionales según sea necesario (ver Actividad más adelante).

C12

La Iglesia en nuestros días... y más allá

Pida a los participantes que enumeren algunos de los retos que enfrenta la iglesia católica (y muchas otras iglesias cristianas) en la actualidad.

Las respuestas pueden incluir, pero no se limitan a, el materialismo; la disminución de la membresía y de los comportamientos religiosos; los avances médicos y tecnológicos que amenazan la vida y la dignidad humana; la oposición a las enseñanzas católicas sobre el matrimonio, la sexualidad y la familia, o sobre las relaciones entre la Iglesia y el estado/ la sociedad.

Ayude a los participantes a investigar más sobre la historia de la Iglesia sugiriéndoles empezar con algunos recursos confiables. Anime a los espónsores a unirse a su catecúmeno o candidato en esa tarea; esta es una oportunidad para aprender más y fortalecer su relación.

JORNADA DE FE · **CATECUMENADO**

La Iglesia en nuestros días... y más allá

En nuestros días, la Iglesia toma una postura decidida en asuntos de carácter moral y social, como el aborto, el suicidio asistido y la libertad religiosa. Sigue activa ayudando a los pobres y oprimidos en el mundo.

En toda época, la Iglesia encuentra oportunidades y retos, y produce santos y pecadores. Afrontando nuevos retos y aprendiendo de sus errores del pasado, la Iglesia sigue siendo el sacramento vivo del Cuerpo de Cristo en el mundo. Confiamos en que el Espíritu Santo guía a la Iglesia mientras sigue el mandamiento de Cristo:

"Vayan, pues, y hagan discípulos a todas las gentes bautizándolas en el nombre del Padre y del Hijo y del Espíritu Santo, y enseñándoles a guardar todo lo que yo les he mandado".

Mateo 28:19–20

Escoge un hecho de la historia de la Iglesia en el que te gustaría profundizar. Haz una investigación teniendo en cuenta las siguientes preguntas:

- *¿Qué valor moral quería defender la Iglesia?*
- *¿Qué efecto tuvo la bondad y/o debilidad humana en este hecho?*
- *¿De qué forma guio el Espíritu Santo a la Iglesia en este evento?*

Dedica unos momentos a orar, reflexionando en la siguiente pregunta. Asegúrate de tener tu corazón abierto para escuchar la voz de Dios, tanto durante el tiempo de oración como en otros momentos durante el día. Escribe tus reflexiones en tu diario.

- *El futuro de la Iglesia Católica depende del Espíritu Santo y de tu respuesta a lo que Dios te llame. ¿Qué papel querrá Dios que juegues en el desarrollo de la Iglesia?*

Jornada de Fe para adultos: Catecumenado, C12 (826924)
Imprimi Potest: Stephen T. Rehrauer, CSsR, Provincial de la Provincia de Denver.
Imprimátur: "Conforme al C. 827, Mons. Edward Rice, obispo auxiliar de St. Louis, concedió el Imprimátur para la publicación de este libro el 17 de mayo de 2016. El Imprimátur es un permiso para la publicación que indica que la obra no contiene contradicciones con las enseñanzas de la Iglesia Católica, sin embargo no implica la aprobación de las opiniones que se expresan en ella. Con este permiso no se asume ninguna responsabilidad" Jornada de Fe © 2000, 2016 Liguori Publications, Liguori, MO 63057. Para hacer pedidos, visite Liguori.org o llame al 800-325-9521. Liguori Publications, corporación no lucrativa, es un apostolado de los Redentoristas. Para saber más acerca de los Redentoristas visite "Redemptorist.com." Todos los derechos reservados. Ninguna parte de esta obra puede ser reproducida, distribuida, almacenada, transmitida o publicada en ningún medio sin previo permiso por escrito.

Edición del 2016: Denise Bossert, Julia DiSalvo, y Joan McKamey. Arte/Diseño: Lorena Mitre Jiménez. Imágenes: Shutterstock. © Copyright 1993, 2005, 2016 Libros Liguori, Liguori, MO 63057. www.liguori.org. Todos los derechos reservados. Publicado con licencia eclesiástica. Textos de la Escritura tomados de la Biblia de Jerusalén Latinoamericana, Desclee de Brower, Bilbao, España. Todos los derechos reservados. Los textos del Catecismo de la Iglesia Católica y demás textos pontificios fueron tomados con permiso de Librería Editrice Vaticana; versión en español. Impreso en los Estados Unidos de América.
20 19 18 17 16 / 5 4 3 2 1 Tercera edición

LIBROS LIGUORI

Diario

Recuerde a los participantes escuchar a Dios tanto como lo que hablan (o escriben) durante esta semana –quizás hasta más. No obstante, el registrar sus pensamientos acerca de su papel en la vida de la Iglesia les estimulará a buscar su vocación o ministerio tras la Vigilia Pascual.

Oración final

Después de solicitar las intenciones particulares, recen juntos el Padrenuestro, teniendo en mente que esta oración ha acompañado a la Iglesia durante toda su historia.

Tarea

Recuerde a los participantes completar la actividad y los ejercicios recogidos en sus diarios durante esta semana. Según vayan explorando y reflexionando, pídales que consideren cómo la Iglesia tiene un poder excepcional para compartir el mensaje del Evangelio, hacer discípulos y hablar sobre cuestiones relativas a la moral y la justicia social. Esta misión es universal y eterna.

C13: La vida moral del cristiano

Catecismo: 1730–1802, 1950–86

Objetivos

Los participantes…

- aceptarán que la ley moral proviene de Dios

- se percatarán de que la libertad humana (el libre albedrío) no implica una autonomía moral

- aceptarán que estamos llamados a moldear nuestras conciencias de acuerdo con las enseñanzas de Cristo, las Escrituras, la Iglesia y los escritos de los santos y teólogos

- se percatarán de que la meta suprema es amar como Dios ama y no simplemente evitar pecar

Meditación del maestro

Proverbios 3:1–12

Reflexione en silencio sobre este pasaje que nos orienta "confiar en el Señor", fiarse solo de su inteligencia, "reconocerlo en todos los caminos" y no sentir fastidio ante su represión. Evalúe esos momentos en que ha acudido (o ha dejado de acudir) a la Iglesia en busca de discernimiento. Pregúntese, "¿Cuándo le ha sido difícil seguir las enseñanzas de la Iglesia? ¿He encontrado suficiente paz y gracia cuando he seguido los dictados de la Iglesia aun cuando era difícil hacerlo?

Preparación del maestro

- Lea la lección, este plan de clase, la lectura inicial, y las secciones del *Catecismo*.

- Familiarícese con el término *conciencia* y la relación del mismo con la libertad, la responsabilidad y la moral. Sus definiciones puede encontrarlas en el glosario de esta guía.

- Adquiera la grabación de "Restless" por Audrey Assad y Matt Maher (de *The House You're Building* © 2010 Sparrow) para ponerla durante la oración final.

Bienvenida

Salude a cada persona a su llegada. Pídales que formulen sus preguntas o comentarios sobre la(s) lección (o lecciones) previa(s) y comience rápidamente.

Lectura inicial

Proverbios 3:1–12

Encienda la vela y lea el pasaje en voz alta. Señale que muchos caen en la trampa de apoyarse en su propia manera de interpretar el bien y el mal. Pueden negar la presencia o la autoridad de Dios o la existencia de cualquier moral objetiva (universal): *Es cierto (bueno) para mí.* Otros intentan sinceramente seguir un camino que proclaman moral o hasta cristiano, pero ninguno de ellos puede ser verdadera o completamente correcto. Admita que incluso católicos devotos algunas veces se precipitan o evitan tomar decisiones o impiden a Dios pronunciarse sobre sus decisiones cotidianas. Anime a los participantes a volverse a la Iglesia en busca de sabiduría en lugar de hacerlo hacia definiciones del bien y del mal que cambian constantemente.

> La libertad hace del hombre un sujeto moral. … Los actos humanos, es decir, libremente realizados tras un juicio de conciencia, son calificables moralmente: son buenos o malos..
>
> *CIC 2072*

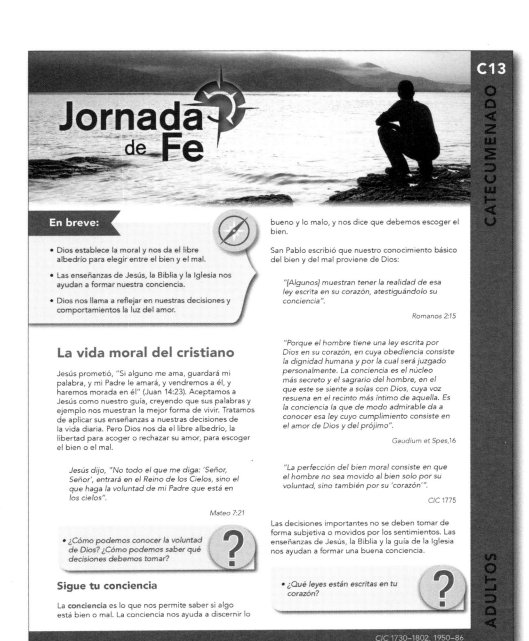

Jornada de Fe

En breve:

- Dios establece la moral y nos da el libre albedrío para elegir entre el bien y el mal.
- Las enseñanzas de Jesús, la Biblia y la Iglesia nos ayudan a formar nuestra conciencia.
- Dios nos llama a reflejar en nuestras decisiones y comportamientos la luz del amor.

La vida moral del cristiano

Jesús prometió, "Si alguno me ama, guardará mi palabra, y mi Padre le amará, y vendremos a él, y haremos morada en él" (Juan 14:23). Aceptamos a Jesús como nuestro guía, creyendo que sus palabras y ejemplo nos muestran la mejor forma de vivir. Tratamos de aplicar sus enseñanzas a nuestras decisiones de la vida diaria. Pero Dios nos da el libre albedrío, la libertad para acoger o rechazar su amor, para escoger el bien o el mal.

Jesús dijo, "No todo el que me diga: 'Señor, Señor', entrará en el Reino de los Cielos, sino el que haga la voluntad de mi Padre que está en los cielos".

Mateo 7:21

- *¿Cómo podemos conocer la voluntad de Dios? ¿Cómo podemos saber qué decisiones debemos tomar?* **?**

Sigue tu conciencia

La **conciencia** es lo que nos permite saber si algo está bien o mal. La conciencia nos ayuda a discernir lo bueno y lo malo, y nos dice que debemos escoger el bien.

San Pablo escribió que nuestro conocimiento básico del bien y del mal proviene de Dios:

"[Algunos] muestran tener la realidad de esa ley escrita en su corazón, atestiguándolo su conciencia".

Romanos 2:15

"Porque el hombre tiene una ley escrita por Dios en su corazón, en cuya obediencia consiste la dignidad humana y por la cual será juzgado personalmente. La conciencia es el núcleo más secreto y el sagrario del hombre, en el que este se siente a solas con Dios, cuya voz resuena en el recinto más íntimo de aquella. Es la conciencia la que de modo admirable da a conocer esa ley cuyo cumplimiento consiste en el amor de Dios y del prójimo".

Gaudium et Spes,16

"La perfección del bien moral consiste en que el hombre no sea movido al bien solo por su voluntad, sino también por su 'corazón'".

CIC 1775

Las decisiones importantes no se deben tomar de forma subjetiva o movidos por los sentimientos. Las enseñanzas de Jesús, la Biblia y la guía de la Iglesia nos ayudan a formar una buena conciencia.

- *¿Qué leyes están escritas en tu corazón?* **?**

CIC 1730–1802, 1950–86

La vida moral del cristiano

Pregunte a los participantes cómo toman ellos las decisiones, especialmente las de mayor importancia o las más difíciles. Pregúnteles, "¿Sigue usted algún proceso general y, de ser así, qué pasos sigue?" Enfatice la importancia de colectar hechos, sopesar los pros y los contras (costos y beneficios), establecer prioridades, y estimar las consecuencias para uno mismo y para otros. Repasen el recuadro "STOP Method" de la lección de la página tres y anime a los participantes a ponerlo en práctica. Destaque que la lección M4: El *Discernimiento* proporciona consejos sobre cómo tomar decisiones responsables, morales y cristianas y qué pasos seguir para ello.

Sigue tu conciencia

Discuta la verdadera naturaleza de la libertad y la responsabilidad. Aclarar que poseer libre albedrío y conciencia "no implica el derecho a decir y hacer cualquier cosa" (*CIC* 1740). Nuestra libertad nos permite, más bien, elegir el bien, rechazar el pecado y someternos a sus procederes. En otras palabras, Dios no nos fuerza a la fe o la obediencia, Él quiere discípulos bien dispuestos, no esclavos. Lea en voz alta la cita del Catecismo: "En la medida en que el hombre hace más el bien, se va haciendo también más libre. No hay verdadera libertad sino en el servicio del bien y de la justicia" (*CIC* 1733, ver también 1742).

Formación de la conciencia

Señale que los antiguos judíos disponían de la Ley de Moisés, de los Mandamientos y de líderes religiosos que les ayudaban a tomar buenas decisiones morales. La Iglesia de los inicios también se valió de esas y de otras herramientas para su orientación moral, como cuando los corintios le escribieron a Pablo pidiéndole consejo (1 Corintios 7:1). Enfatice que, al igual que ellos, los católicos pueden acudir a la Biblia, las enseñanzas de Jesús y a la Iglesia, los familiares y los amigos cuando se hallan ante una decisión que constituye un desafío.

La ley del amor sustituye al legalismo

Recuerde a los participantes que el mensaje moral de la Iglesia puede resumirse en la Regla de Oro. Ponga énfasis en que Jesús lleva los Diez Mandamientos un paso más allá cuando enuncia los dos grandes mandamientos basados más en el amor que en la Ley (ver también *CIC* 1789, 1972).

Proclame a Mateo 5:1–12, 17–20, pregunte entonces a los participantes si les parece más difícil vivir las Bienaventuranzas que obedecer los Diez Mandamientos. Haga hincapié en que Jesús reta a todos sus discípulos a desarrollar un fuerte carácter moral, pero les ofrece también la fortaleza para perseverar y buscar y ofrecer perdón.

Jesús se basa en el Antiguo Testamento

Nuestra fuente para estudiar las enseñanzas de Cristo es la Biblia y nuestro punto de partida es el amor:

"Amarás al Señor, tu Dios, con todo tu corazón, con toda tu alma y con toda tu mente. Este es el mayor y el primer mandamiento. El segundo es semejante a este: Amarás a tu prójimo como a ti mismo".

Mateo 22:37–39

Estas palabras de Jesús se basan en el Antiguo Testamento: el primero y el más importante de los mandamientos se encuentra en Deuteronomio 6:4–5 y el segundo en Levítico 19:18.

Cuando le preguntaron a Jesús, "'¿Qué he de hacer para tener en herencia vida eterna?'. Jesús le dijo: [...] Ya sabes los mandamientos: No mates, no cometas adulterio, no robes, no levantes falso testimonio, no seas injusto, honra a tu padre y a tu madre'" (Marcos10:17, 19).

Los judíos aceptaban los Diez Mandamientos como la voluntad de Dios. Mientras escapaban de la esclavitud de Egipto, Dios les dio a los israelitas los mandamientos para protegerlos de caer en la esclavitud del pecado. Estas normas morales han superado la prueba del tiempo.

Busca los Diez Mandamientos en el Antiguo Testamento y reflexiona en la pregunta que aparece abajo.

• *¿Cómo sería nuestro mundo si todos cumpliéramos los Diez Mandamientos?*

La ley del amor sustituye al legalismo

Jesús hizo algo más que simplemente recordar los Diez Mandamientos. Nos propuso una meta más alta: "Han oído que se dijo a los antepasados: No matarás; y aquel que mate será reo ante el tribunal. Pues yo les digo: Todo aquel que se encolerice contra su hermano, será reo ante el tribunal" (Mateo 5:21–22). Nos dijo que debíamos evitar los pensamientos impuros, no solo el adulterio, y abandonar las leyes antiguas que permitían el divorcio, la venganza y el odio, para en su lugar amar al prójimo.

Los fariseos impusieron exigencias muy estrictas a través de sus interpretaciones legales, basándose en su lectura de las Escrituras Hebreas (Antiguo Testamento). Cuando los discípulos de Jesús tuvieron hambre y comenzaron a cortar algunas espigas con grano, los fariseos los acusaron de estar cosechando, una actividad prohibida en el Sábado (Éxodo 34:21). Jesús defendió a sus seguidores, diciendo que el Sábado se había hecho para el pueblo y no el pueblo para el Sábado (Marcos 2:23–28). El amor y la vida están por encima del legalismo.

Otro ejemplo que escandalizó a los fariseos, fue cuando Jesús dijo que se podían comer algunos alimentos considerados impuros por el Antiguo Testamento. Explicó que lo que comemos no nos puede volver impuros, sino solo los pensamientos, las palabras y las acciones que proceden de nuestro corazón (Marcos 7:18–23).

En sus enseñanzas, Jesús nos invitó a abandonar el legalismo para vivir de verdad en el amor. Dijo, "No piensen que he venido a abolir la Ley y los Profetas. No he venido a abolir, sino a dar cumplimiento" (Mateo 5:17). Las leyes son buenas y necesarias, pero los seguidores de Cristo deben ver las cosas según la mente y el corazón de Cristo.

Jesús dijo, "Así pues, todo el que oiga estas palabras mías y las ponga en práctica, será como el hombre prudente que edificó su casa sobre roca: cayó la lluvia, vinieron los torrentes, soplaron los vientos y embistieron contra aquella casa; pero ella no cayó, porque estaba cimentada sobre roca".

Mateo 7:24–25

• *¿Cómo puedes construir tu vida sobre la roca de las palabras de Jesús?*

La Iglesia nos guía

Las enseñanzas de la Iglesia también nos ayudan a formar nuestra conciencia. Jesús está presente en su Iglesia y les ha dado a sus líderes autoridad para hablar y actuar en su nombre.

Jesús les dijo a sus discípulos que fueran a todas las naciones, "enseñándoles a guardar todo lo que yo les he mandado" (Mateo 28:20). Después de su ascensión, los apóstoles aplicaron los mandamientos que Jesús les había dado a las situaciones que iban encontrando. Las cartas del Nuevo Testamento a las primeras comunidades cristianas ofrecen una guía moral y algunas dan reglas de conducta en temas como la organización de la Iglesia, las relaciones humanas y la vivencia de la fe en la vida cotidiana.

La Iglesia ejerce su liderazgo moral a través de leyes y de las enseñanzas que dan los párrocos, los obispos y los papas. Si bien es verdad que todos somos la Iglesia, no todos tenemos la misma autoridad o desempeñamos el mismo papel. San Pablo explica claramente que algunos miembros tienen el deber de guiarnos:

"Él mismo dispuso que unos fueran apóstoles; otros, profetas; otros, evangelizadores; otros, pastores y maestros, para la adecuada organización de los santos en las funciones del ministerio, para edificación del cuerpo de Cristo".

Efesios 4:11–12

Actualmente, la gente afronta dilemas morales que las generaciones anteriores no hubieran siquiera imaginado. Los líderes de la Iglesia nos ayudan a aplicar el Evangelio a la vida moderna. La Iglesia ofrece su liderazgo moral de muchas formas y en ocasiones de manera compleja; pero al fondo de todas esas normas están unos principios fascinantes por su sencillez: evita el mal y haz el bien. Sigue la regla de oro, es decir, trata a los demás como te gustaría ser tratado. Respeta a tus hermanos y sus conciencias (ver CIC 1789).

"Confía en Dios de todo corazón y no te fíes de tu inteligencia; reconócelo en todos tus caminos y él enderezará tus sendas".

Proverbios 3:5–6

- *¿Qué tan abierto estás a buscar y seguir la guía de la Iglesia Católica en temas de moralidad?*

Maestros que nos inspiran

En la historia de la Iglesia ha habido grandes maestros de Teología Moral y de vida espiritual. Ellos han ayudado a formar la conciencia de muchas generaciones de católicos.

Algunos teólogos y autores espirituales están capacitados para ofrecer guía moral debido a su formación, experiencia y adhesión a las enseñanzas de la Iglesia. La forma en que actúan comúnmente los buenos católicos, que se dejan guiar por el Espíritu Santo, también puede ser una buena guía.

- *Piensa en algunos católicos que hayan influido en tu vida. ¿Qué los guía a ellos?*

Método para formar e informar tu conciencia (APCO):

Analiza hechos (consulta las enseñanzas de la Iglesia, información científica, la Biblia, enseñanzas de Jesús, textos de teólogos morales) preguntando qué, quién, dónde, cuándo y cómo se debe actuar.

Piensa en soluciones alternas a la línea de acción que hayas propuesto y piensa en las posibles consecuencias.

Consulta a otros (católicos fervorosos que han tenido que responder a esa pregunta y otros afectados o involucrados) y piensa en el efecto que esa línea de acción puede tener sobre otros.

Ora pidiendo luz.

Las siguientes citas pueden resultar de ayuda:

- "Los Obispos, cuando enseñan en comunión con el Romano Pontífice, deben ser respetados por todos como testigos de la verdad divina y católica; los fieles, por su parte, en materia de fe y costumbres, deben aceptar el juicio de su Obispo, dado en nombre de Cristo, y deben adherirse a él con religioso respeto. …" (Constitución Dogmática de la Iglesia, *Lumen Gentium*, 25).

- "Se ha de prestar un asentimiento religioso del entendimiento y de la voluntad, sin que llegue a ser de fe, a la doctrina que el Sumo Pontífice o el Colegio de los Obispos, en el ejercicio de su magisterio auténtico, enseñan acerca de la fe y de las costumbres, aunque no sea su intención proclamarla con un acto decisorio; por tanto, los fieles cuiden de evitar todo lo que no sea congruente con la misma" (*Canon* 752).

- "Jesucristo, al comunicar a Pedro y a los Apóstoles su autoridad divina y al enviarlos a enseñar a todas las gentes sus mandamientos, los constituía en custodios y en intérpretes auténticos de toda ley moral, es decir, no sólo de la ley evangélica, sino también de la natural, expresión de la voluntad de Dios, cuyo cumplimiento fiel es igualmente necesario para salvarse" (papa Pablo VI, *Humanae Vitae*, 4).

La Iglesia nos guía

Repase las diferencias entre pecado venial y pecado mortal (lección C6). Comparta esta analogía: Si bien la violación de algunas leyes tiene como resultado una simple amonestación o una pequeña multa, otras violaciones pueden acarrear una revocación de derechos tales como una licencia, o la encarcelación. Al igual que los delitos, ciertos pecados tienen consecuencias más graves para uno mismo y para otros porque el acto es más grave (dañino).

Recuerde a los participantes cuál es la fuente de la autoridad de la Iglesia: "Lo que ates en la tierra," dijo Jesús a Pedro, "quedará atado en los cielos, y lo que desates en la tierra quedará desatado en los cielos" (Mateo 16:19). Acláreles que si bien puede que no nos agrade o que decidamos estar en desacuerdo con ciertas palabras o acciones del papa y de otros líderes de la Iglesia, el disentir de la autoridad de las enseñanzas de la Iglesia—la doctrina infalible (dogma) y el magisterio—no se acepta. Ponga énfasis en la necesidad de modelar la conciencia propia, basar nuestros juicios en fuentes precisas y confiables, y actuar humildemente ante el Señor.

Vivir como Cristo

Lea en voz alta esta cita de San Juan de la Cruz. Tras un momento de reflexión en silencio, los participantes y espónsores pudieran responder: "Lo que el alma tiene en la mira es alcanzar la igualdad en la relación de amor con Dios, el objeto de su deseo natural y sobrenatural. El que ama no puede sentirse satisfecho si no siente que ama tanto como es amado" (*Cántico espiritual. Canciones entre el Alma y el esposo Cristo. Estrofa 38*).

Vivir como Cristo

Puede suceder que por error creamos que nuestro fin en la vida es evitar el pecado, pero nuestra verdadera meta es ser como Jesús, actuar movidos por el amor más que por un sentido de obligación.

El amor de Cristo nos invita a trabajar por la paz y por la justicia social, y a preocuparnos por los pobres. Cristo nos advirtió que nuestro destino eterno será determinado por nuestra disposición a ayudar a otros y nos recuerda que cualquier cosa que hagamos a otro a él se la hacemos (ver Mateo 25:31–46).

La forma en que nos relacionamos con nuestra familia, con nuestros amigos, compañeros de trabajo y gente que encontramos en la calle debe ser resultado de nuestra relación con Cristo. Las decisiones que tomemos en nuestros negocios, nuestras preferencias políticas y nuestras relaciones sociales deben reflejar lo que Cristo haría si estuviera en nuestro lugar.

Vivir de acuerdo con el amor de Cristo puede llevarnos a estar en contradicción con la cultura secular. A veces nuestras decisiones podrán llevar a otros a cuestionar nuestro comportamiento. Nuestra respuesta es sencilla: "Somos seguidores de Cristo".

"En esto conocerán todos que son discípulos míos: si se tienen amor los unos a los otros".

Juan 13:35

- *Recuerda una situación en la que tuviste que escoger entre el bien y el mal. ¿Cómo supiste lo que debías hacer?*

- *¿Cuándo te ha sucedido que otros no entienden tu comportamiento porque quieres imitar a Cristo?*

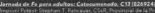

Jornada de Fe para adultos: Catecumenado, C13 (826924)
Imprimi Potest: Stephen T. Rehrauer, CSsR, Provincial de la Provincia de Denver. Imprimatur: "Conforme el C. 827, Mons. Edward Rice, obispo auxiliar de St. Louis, concedió el Imprimátur para la publicación de este libro el 17 de mayo de 2016. El Imprimátur es un permiso para la publicación que indica que la obra no contiene contradicciones con las enseñanzas de la Iglesia Católica, sin embargo no implica la aprobación de las opiniones que se expresan en ella. Con este permiso no se asume ninguna responsabilidad". *Jornada de Fe* © 2000, 2016 Liguori Publications, Liguori, MO 63057. Para hacer pedidos, visite Liguori.org o llame al 800-325-9521. Liguori Publications, corporación no lucrativa, es un apostolado de los Redentoristas. Para saber más acerca de los Redentoristas visite "Redemptorist.com." Todos los derechos reservados. Ninguna parte de esta obra puede ser reproducida, distribuida, almacenada, transmitida o publicada en ningún medio sin previo permiso por escrito.
Edición del 2016: Denise Bossert, Julia DiSalvo, y Joan McKamey. Arte/Diseño: Lorena Mitre Jiménez. Imágenes: Shutterstock.
© Copyright 1993, 2005, 2016 Libros Liguori, Liguori, MO 63057 www.liguori.org. Todos los derechos reservados. Publicado con licencia eclesiástica. Textos de la Escritura tomados de la Biblia de Jerusalén Latinoamericana; Desclee de Brower, Bilbao, España. Todos los derechos reservados. Los textos del Catecismo de la Iglesia Católica y demás textos pontificios fueron tomados con permiso de Librería Editrice Vaticana; versión en español. Impreso en los Estados Unidos de América.
20 19 18 17 16 / 5 4 3 2 1. Tercera edición.

LIBROS LIGUORI

Diario

Anime a los participantes a responder las preguntas de motivación y todas las preguntas de la lección en su diario. Darles en todas las sesiones tiempo para ese trabajo garantizará que, a la vez que se respeta su privacidad, ellos estén reflexionando activamente y formando sus conciencias.

Pregunte a los participantes, "¿Cuánto se ha desarrollado y madurado su conciencia desde su niñez y adolescencia?" Explique que es natural que nuestros conceptos de moralidad y responsabilidad cambien cuando entramos en la adultez. Según los participantes vayan entendiendo y planteándose mejor el sendero de la vida moral del cristiano, recuérdeles que la definición cristiana del amor —amar como Cristo ama—no es como el mundo define el amor. Usted puede plantearles estas otras preguntas de motivación: ¿Cuáles son las características del amor cristiano? ¿Cómo actúa o reacciona una persona que siente esta clase de amor?

Oración final

Atenúe las luces. Invite a los participantes a ponerse cómodos. Mantenga la vela encendida. Ponga la canción "Restless" de Audrey Assad.

Tarea

Resuma que la Iglesia es nuestra guía para aplicar las enseñanzas de Cristo a los problemas que cambian y surgen en nuestras vidas y en todo el mundo. Explique a los participantes que la moral cristiana se basa en la dignidad inherente a toda vida humana, lo cual se discute en la lección C14: "La Dignidad de la Vida". Pida a los participantes que reflexionen sobre los muchos tipos y grupos de personas con los que se encuentran y cómo ellos tienden a verse y tratarse los unos a los otros.

C14: La dignidad de la vida

Catecismo: 355–84, 1699–1729, 1877–1927, 2401–18

Objetivos

Los participantes…

- reconocerán la inherente y universal naturaleza de la dignidad humana.

- aceptarán que todos, y especialmente los cristianos, están llamados a proteger los derechos y la dignidad de todas las personas. Esto incluye el buscar poner fin a la injusticia económica y a las estructuras sociales que deshumanizan, reprimen o niegan los derechos y la dignidad de cualquier persona.

- traerán a su mente las diversas formas de prejuicios—las diferencias basadas en la raza, el credo, el origen nacional, el género, las preferencias sexuales, la edad, las capacidades, el status socioeconómico o el partidismo político, y las valorarán con respecto a la posición de la Iglesia en cuanto al bien común.

- aceptarán que la dignidad de la vida también nos demanda tratar a la creación de Dios con respeto y responder al llamado a servir de cuidadores de esa creación.

Meditación del maestro

Lucas 10:25–37

Dé gracias a Dios por las personas que han sido par usted como el Buen Samaritano. Piense en quién pudo ser el que usted pasó por alto por no ser parte de su familia, comunidad o cultura. Piense en formas simples y cotidianas en las que usted puede ser un Buen Samaritano para con otros.

Preparación del maestro

- Lea la lección, este plan de clase, la lectura inicial y las secciones del *Catecismo*.

- Familiarícese con los conceptos de dignidad humana inherente o universal, prejuicio, y derechos humanos y libertades, tal como se les identifica en el *Catecismo* y por el magisterio católico. Estos términos y otros similares son con frecuencia entendidos y aplicados de forma diferente por los participantes en contextos políticos y seculares. Puede que usted tenga que aclararlos y retornar, durante toda esta sesión, a aspectos doctrinales básicos.

- Familiarícese con acontecimientos históricos y actuales cuyo centro sean la dignidad humana, la vida y la justicia social. Utilícelos como ejemplos al discutir los temas de esta lección y de las dos siguientes, C14—C16. Evite que la conversación catequética se convierta en un debate político.

Bienvenida

Al saludar a cada persona –trátese de un catecúmeno, un candidato, un espónsor, un cónyuge o un invitado- tenga cuidado de mostrar la misma cortesía y evitar favoritismos. Explique que en las tres lecciones siguientes se discutirán algunos temas delicados y políticamente controversiales. Anímelos a permanecer abiertos, ser sinceros y escuchar activamente tanto a los demás como a las enseñanzas de la Iglesia. Comience rápidamente.

Lectura inicial

Lucas 10:25–37

Invite a los participantes a dar ejemplos de ocasiones en las que alguien muy ocupado sacó tiempo para ayudarles de alguna manera. Pregúnteles, "¿Cómo puedes los actos de caridad y bondad, sin importar cuán pequeños sean, reflejar a dignidad humana y contribuir a ella?"

> El bien común… supone, en primer lugar, el respeto a la persona en cuanto tal. En nombre del bien común, las autoridades están obligadas a respetar los derechos fundamentales e inalienables de la persona humana. *CIC 1907*

Jornada de Fe

En breve:

- La dignidad de la vida humana se aplica a todas las personas.

- Proteger la dignidad y los derechos humanos es un deber de todos los cristianos.

- Los cristianos deben condenar los prejuicios, promover el bien común y el cuidado de la creación.

La dignidad de la vida

Los católicos creen que todas las personas han sido creadas por Dios, redimidas por Cristo y llamadas a pasar la eternidad con Dios. La mayoría de las personas está de acuerdo en que todos deben ser tratados igual, sin embargo, las preferencias y la discriminación basadas en la raza, el color de piel, el género, la edad, las cualidades personales, la clase social, el lenguaje, la religión y otros factores siguen siendo comunes.

La espiritualidad de Cristo exige a sus seguidores oponerse a cualquier cosa que deshumanice, reprima o niegue los derechos y dignidad de otra persona. Esto significa que se debe reconocer la dignidad de toda vida y que se proteja la vida humana desde su concepción hasta su muerte natural; esto significa también que debemos trabajar para asegurar que todas las personas pueden vivir durante su vida con dignidad.

- ¿Cuándo has visto que se proteja la dignidad humana? ¿Cuándo has visto amenazada o negada la dignidad humana?

- ¿Qué grupos sufren a causa de los prejuicios en tu comunidad?

Raza y Etnicidad

Estamos viviendo en una época en que la diversidad racial, étnica, cultural y lingüística es más común y evidente que en cualquier otra época. El rostro de la Iglesia durante el siglo XXI va a ser cada vez más diverso desde el punto de vista étnico.

Los obispos de los Estados Unidos dicen que nosotros —cada uno de nosotros— debe vivir su oposición al racismo de forma concreta y cotidiana, y debe hacer que otros también se opongan a este. En Nuestros hermanos y hermanas, los obispos condenan el racismo como "un mal radical que divide a la familia humana y niega la nueva creación de un mundo redimido [traducción nuestra]". Los obispos exhortan a trabajar en favor de esta causa en un nivel individual, eclesial y social:

"Como individuos debemos tratar de influir en las actitudes de los demás rechazando expresamente los estereotipos, los insultos y los chistes raciales. Debemos enseñar a los miembros de nuestras familias, especialmente a nuestros hijos, a ser sensibles a los auténticos valores humanos y a las contribuciones culturales de todos los grupos presentes en nuestro país".

Nuestros hermanos y hermanas

La Iglesia Católica en los Estados Unidos está experimentando un profundo cambio demográfico debido a que las comunidades que no son de origen europeo siguen creciendo. Los hispanos en estos momentos constituyen cerca del 35% de los católicos adultos en el país y más del 25% de las parroquias católicas tienen ministerios hispanos. Los estudios parecen indicar que la presencia latinoamericana de nuestra Iglesia seguirá creciendo en las próximas décadas. Por tanto, las parroquias mono-culturales van a ser reemplazadas por las parroquias "compartidas", es decir, por parroquias en las que rezarán juntos, como una sola comunidad cristiana, más de un grupo lingüístico, racial o cultural.

CIC 355–84, 1699–1729, 1877–1927, 2401–18

La dignidad de la vida

Invite a los participantes a dar ejemplos de la vida real de personas o grupos que fueron maltratados y/o a los que se hizo sentir inferiores por la forma en que fueron catalogados.

Las respuestas pueden incluir el tratamiento a los negros o los nativos americanos a lo largo de la historia de los Estados Unidos, el Holocausto de la Segunda Guerra Mundial, las muertes provocadas por el tema de la dote en todo el subcontinente indio, y los casos de genocidio tribal y religioso.

Aclare que, si bien todos los seres humanos tienen la misma dignidad y valor, Dios no desea ni dispone la uniformidad. La ley natural y la diversidad de dones espirituales son testimonio de que no todos están llamados a determinados ministerios o vocaciones. Es más, si bien nuestras libertades y derechos pueden refrenar las injusticias, no podrán (ni deberán) eliminar todas las diferencias terrenales. Ambos más bien existen para ayudarnos en nuestros *propósitos espirituales o morales*, los cuales pueden ser bastante personales (CIC 1936—37).

Igualdad de género

Remítase a la Carta del papa Juan Pablo II a las Mujeres (1995), un documento clave que ilustra los criterios de la Iglesia sobre las mujeres, y discútala con los participantes, según resulte necesario.

Presente esta cita del *Catecismo* a los participantes que quieren saber por qué las mujeres no pueden ser ordenadas: "El Señor Jesús eligió a hombres para formar el colegio de los doce, y los Apóstoles hicieron lo mismo cuando eligieron a sus colaboradores que les sucederían en su tarea… La Iglesia se reconoce vinculada por esta decisión del Señor" (*CIC* 1577).

Orientación sexual

Recuerde a los participantes que la sexualidad humana tiene sus raíces en la ley natural y en el designio de Dios de dos géneros complementarios. Por el bien de los cónyuges y la familia, el acto sexual y los actos relacionados al mismo están reservados al matrimonio sacramental. Dar como referencia la lección C8: *El Sacramento del Matrimonio*, de ser necesario, y señalar que en las lecciones M2: *El Papel del Laicado* y M7: *La Vida en Familia*, el matrimonio y la familia se discutirán con mayor detalle.

Lea la siguiente declaración autorizada en caso de que se necesite aclarar más la relación de la Iglesia con quienes se identifican como LGBT: "el respeto hacia las personas homosexuales no puede en modo alguno llevar a la aprobación del comportamiento homosexual ni a la legalización de las uniones homosexuales. El bien común exige que las leyes reconozcan, favorezcan y protejan la unión matrimonial como base de la familia, célula primaria de la sociedad. Reconocer legalmente las uniones homosexuales… significaría no solamente aprobar un comportamiento desviado… sino también ofuscar valores fundamentales…" (Congregación para la Doctrina de la Fe, *Consideraciones acerca de los Proyectos de Reconocimiento Legal de las Uniones entre Personas Homosexuales*, 11).

La diversidad no es algo que se deba superar, sino un elemento esencial que se debe fomentar. Este puede ser un tiempo de grandes oportunidades o un trágico desastre. Como pueblo de Dios, debemos aprender a orar, trabajar y vivir juntos como una Iglesia intercultural (no solo multicultural) en la que la diversidad sea una oportunidad para el crecimiento y el enriquecimiento mutuo, más que una causa de separación y desunión. Debemos apoyar la presencia de las minorías en la Iglesia y reconocer los dones que estas culturas aportan al Cuerpo de Cristo.

"Porque fuiste degollado y compraste para Dios con tu sangre hombres de toda raza, lengua, pueblo y nación".

Apocalipsis 5:9

- ¿Cuánta diversidad hay en tu parroquia?
- ¿Qué tan bien se aceptan e integran en la vida de tu parroquia las minorías?

Igualdad de género

Al principio, "creó, pues, Dios al ser humano a imagen suya (…), macho y hembra los creó" (Génesis 1:27). La dignidad humana se aplica igualmente a hombres y mujeres. El Catecismo dice que cuando Dios creó al hombre y a la mujer, reveló dos verdades: los géneros son distintos y tienen la misma dignidad (ver *CIC* 369–70).

"Corresponde a cada uno, hombre y mujer, reconocer y aceptar su identidad sexual. La diferencia y la complementariedad física, moral y espiritual, está orientada a los bienes del matrimonio y al desarrollo de la vida familiar".

CIC 2333

- ¿De qué forma pueden, tanto el hombre como la mujer, contribuir con sus dones únicos a la vida de fe de la familia?

Orientación sexual

La Iglesia ofrece guía pastoral a quienes se identifican como LGBT (lesbianas, gays, bisexuales, transgénero) y a quienes los atienden. Gran parte de su enseñanza se centra en reafirmar la verdadera naturaleza del matrimonio y la familia, y distingue entre la orientación homosexual y los actos homosexuales. La Iglesia enseña que vivir como LGBT es objetivamente desordenado y que debemos recorrer el camino de la castidad —al cual todos estamos llamados según nuestro estado de vida— para evitar el pecado.

"Es de deplorar con firmeza que las personas homosexuales hayan sido y sean todavía objeto de expresiones malévolas y de acciones violentas. Tales comportamientos (…) revelan una falta de respeto por los demás, que lesiona unos principios elementales sobre los que se basa una sana convivencia civil. La dignidad propia de toda persona siempre debe ser respetada en las palabras, en las acciones y en las legislaciones".

Carta de los obispos de la Iglesia Católica sobre la atención pastoral a las personas homosexuales, 10 (publicada en 1986 por indicación del Papa san Juan Pablo II).

Socioeconomía

En su carta pastoral, *Justicia económica para todos: la Doctrina Social de la Iglesia y la economía de los Estados Unidos*, los obispos de nuestro país enseñan que las decisiones económicas poseen una dimensión moral y social, tanto para promover como para ofender la dignidad humana. Millones de personas sufren por sus necesidades no satisfechas, por su potencial humano no desarrollado y por las promesas incumplidas. La Iglesia nos llama a trabajar para construir una economía justa que beneficie a todos proporcionándoles comida, seguridad, trabajo, acceso a la vivienda, atención médica, incentivos fiscales en el caso de familias con ingreso bajo y programas sociales para los pobres y los más vulnerables.

La carta, publicada en 1986, propone tres preguntas que deben ayudarnos a informar nuestra concepción de la economía:

- ¿Qué hace la economía por las personas?
- ¿Cómo afecta la economía a las personas?
- ¿De qué forma participa la gente en la economía?

Socioeconomía

Señale, si es necesario, que la lección C16: *Justicia Social* tratará este tema con mayor detalle, abordando, por ejemplo, los derechos de los trabajadores y nuestra opción por los pobres.

"Parte del sueño americano ha contribuido a hacer de este mundo un mejor lugar para vivir; en este momento de la historia, ese sueño debe incluir a todos los habitantes de la tierra. Dado que nos decimos miembros de una Iglesia 'Católica' o universal, todos debemos elevar nuestra mirada para preocuparnos por el bienestar de todo el mundo".

Justicia económica para todos, 363

Como cristianos, debemos tener presentes las consecuencias de nuestros hábitos de consumo y de ahorro, no solo en relación con nosotros mismos, sino con todo el mundo. Nuestras estructuras y sistemas financieros deben promover la dignidad de todas las personas y ayudarles a satisfacer sus necesidades básicas.

- *¿De qué forma tus decisiones económicas podrían tener un impacto negativo en los pobres? ¿De qué forma puede estar el Evangelio llamándote a cambiar tus hábitos de consumo?*

El bien común

Dios nos creó para vivir en comunión con la Trinidad y entre nosotros. Dentro de nuestras comunidades, maduramos, desarrollamos nuestras habilidades y vivimos nuestro discipulado cristiano. En su encíclica sobre el Cristianismo y el progreso social (*Mater et Magistra*), el Papa san Juan XXIII explica que el bien común abarca "todo un conjunto de condiciones sociales que permitan a los ciudadanos el desarrollo expedito y pleno de su propia perfección" (MM 65).

Se incluyen las necesidades básicas como comida, vestido y vivienda junto con el derecho a la educación, a la atención médica, a tomar parte de forma activa en los asuntos públicos y a rendir culto a Dios libremente. El Papa Juan subraya que el bien común de una nación no se puede separar del bien común de toda la humanidad.

El *Catecismo* menciona tres elementos esenciales del bien común (*CIC* 1906–09):

1. *Respeto por la persona.* Las sociedades deben apoyar a los individuos y a las comunidades para que puedan ejercer sus derechos y libertades, y cumplir su vocación.

2. *Bienestar social y desarrollo.* La autoridad debe "decidir (…) entre los diversos intereses particulares; pero debe facilitar a cada uno lo que necesita para llevar una vida verdaderamente humana".

3. *Paz y seguridad.* Los miembros de la sociedad deben esperar estabilidad y "la autoridad asegura, por medios honestos, la seguridad de la sociedad y la de sus miembros. El bien común fundamenta el derecho a la legítima defensa individual y colectiva".

El cuidado de la creación

"Vio Dios cuanto había hecho, y todo estaba muy bien".

Génesis 1:31

La responsabilidad del cristiano va más allá de la raza humana y abarca a toda la creación de Dios. Para poder proteger y cuidar el medio ambiente es necesario ver el mundo como un don de Dios que compartimos con los demás seres de la creación. El desarrollo social y económico debe beneficiar cada vez a más personas, apoyando todas las formas de vida y respetando las leyes de la naturaleza.

En su encíclica "Sobre el cuidado de la casa común" (*Laudato si'*), el Papa Francisco dice que debemos ser administradores de la tierra para nuestro beneficio y para el de las generaciones futuras. Equipara abusar del medio ambiente con el pecado, citando al Patriarca Bartolomé de Constantinopla:

"Que los seres humanos destruyan la diversidad biológica en la creación divina; que los seres humanos degraden la integridad de la tierra y contribuyan al cambio climático, desnudando la tierra de sus bosques naturales o destruyendo sus zonas húmedas; que los seres humanos contaminen las aguas, el suelo, el aire. Todos estos son pecados".

Laudato Si', 8

Ayude a los participantes a investigar sobre eventos inminentes y/o comparta con ellos detalles de uno que usted haya seleccionado o preparado de antemano (ver Tarea, en la proxima página). Señale que esta actividad pudiera ser pospuesta por un tiempo. Reserve algún tiempo entre esta semana y Pentecostés para compartir y comparar reacciones y experiencias.

La degradación del ambiente la perciben de forma más aguda los pobres y los grupos más débiles y vulnerables. El Papa Francisco escribe:

"No podemos dejar de reconocer que un verdadero planteo ecológico se convierte siempre en un planteo social, que debe integrar la justicia en las discusiones sobre el ambiente, para escuchar tanto el clamor de la tierra como el clamor de los pobres".

Laudato Si', 49

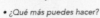

- ¿De qué forma tu cuidado de la tierra —preservar los recursos naturales, reciclar, apoyar iniciativas sustentables y más— es un reflejo de tu fe?

- ¿Qué más puedes hacer?

Da testimonio de la universalidad de la dignidad humana asistiendo a un evento o presentación de una minoría o de un grupo marginado. Después responde a las siguientes preguntas:

- ¿De qué forma ha cambiado lo que pensabas sobre este grupo?

- ¿Qué retos o amenazas a la dignidad humana enfrenta dicho grupo? ¿Qué protección o ayuda recibe de la Iglesia Católica o del Estado?

- ¿De qué forma puedes ayudar y respetar mejor a este grupo?

Reflexiona en tu dignidad humana inherente y en tu llamado a promover la paz, la igualdad y la unidad en todo el mundo:

- ¿De qué forma has sido creado a imagen y semejanza de Dios? ¿Qué te hace único a sus ojos?

- ¿Qué hace que te acerques a los demás, especialmente a aquellos que no piensan como tú?

- ¿De qué forma tus palabras, obras, rasgos de personalidad y cualidades contribuyen al bien de la sociedad y al bien común?

Jornada de Fe para adultos: Catecumenado, C14 (826924)
Imprimi Potest: Stephen T. Rehrauer, CSsR, Provincial de la Provincia de Denver.
Imprimatur: "Conforme al C. 827, Mons. Edward Rice, obispo auxiliar de St. Louis, concedió el Imprimátur para la publicación de este libro el 17 de mayo de 2016. El Imprimátur es un permiso para la publicación que indica que la obra no contiene contradicciones con las enseñanzas de la Iglesia Católica, sin embargo no implica la aprobación de las opiniones que se expresan en ella. Con este permiso no se asume ninguna responsabilidad". *Jornada de Fe* © 2000, 2016 Liguori Publications, Liguori, MO 63057. Para hacer pedidos, visite Liguori.org o llame al 800-325-9521. Liguori Publications, corporación no lucrativa, es un apostolado de los Redentoristas. Para saber más acerca de los Redentoristas visite "Redemptorist.com." Todos los derechos reservados. Ninguna parte de esta obra puede ser reproducida, distribuida, almacenada, transmitida o publicada en ningún medio sin previo permiso por escrito.

Edición del 2016. Denise Bossert, Julia DiSalvo, y Joan McKamey. Arte/Diseño: Lorena Mitre Jiménez. Imágenes: Shutterstock © Copyright 1993, 2005, 2016 Libros Liguori, Liguori, MO 63057. www.liguori.org. Todos los derechos reservados. Publicado con licencia eclesiástica. Textos de la Escritura tomados de la Biblia de Jerusalén Latinoamericana, Desclée de Brower, Bilbao, España. Todos los derechos reservados. Los textos del Catecismo de la Iglesia Católica y demás textos pontificios fueron tomados con permiso de *Libreria Editrice Vaticana*, versión en español. Impreso en los Estados Unidos de América.
20 19 18 17 16 / 5 4 3 2 1. Tercera edición.

LIBROS LIGUORI

Diario

Pida a los participantes reflexionar también en sus propios prejuicios, parcialidades, conjeturas e inseguridades. La mayoría de las personas las tienen, y percatarse de ello es un buen primer paso para cambiar nuestros puntos de vista. Anímelos a contestar estas preguntas:

- ¿Cómo puedo arrancar de mi vida los prejuicios y catalogaciones? ¿Cómo puedo sembrar semillas que hagan nacer y lograr pleno aprecio por la dignidad humana?

- ¿He sido yo víctima del prejuicio o la discriminación? ¿Qué puedo hacer para perdonar a otros y responder con una gentil aclaración en lugar de con un juicio?

Oración final

Invite a los participantes a enunciar sus intenciones particulares, especialmente aquellas relativas a la dignidad de la persona humana. Pida un voluntario para leer Mateo 5:42-48; en ese pasaje, Jesús pide que tratemos a todos, aun a nuestros enemigos, con justicia. Concluyan rezando juntos la Oración del Señor.

Tarea

Explique que la lección C15: *Una Ética Coherente de la Vida* incursiona en una amplia variedad de amenazas a la persona humana y pone énfasis en la necesidad de una postura provida y una política social coherentes.

Invite al grupo a participar en un evento o proyecto de servicio que les ponga en contacto con una parte de la sociedad pasada por alto o que promueva la conciencia cultural. Aproveche las actividades desarrolladas por la parroquia y la localidad, especialmente durante la Cuaresma.

C15: Una ética coherente de la vida

Catecismo: 1913–17, 2258–2330

Objetivos

Los participantes…

- aceptarán que toda vida es sagrada.

- identificarán los problemas que representan una amenaza a la ética coherente de la vida, incluidos el aborto, algunas tecnologías reproductivas, la eutanasia, la guerra, la pena de muerte, la tortura, la esclavitud y el tráfico de personas.

- describirán como acto *intrínsecamente malo* el que sea siempre moralmente incorrecto y nunca aceptable en la sociedad humana.

- identificarán los modos en que ellos puedan mostrar respeto a la vida y defenderla.

Meditación del maestro

Génesis 1:24–31

Escuche cómo los autores antiguos hablan de Dios como autor de toda vida. Ellos proclaman que todo lo hecho por Dios es sagrado, bello y bueno. Reflexiones sobre el poder –y la responsabilidad– que conlleva este mensaje. Pregúntese a sí mismo, "¿Hay alguna parte de la creación de Dios que yo tienda a ignorar?" Dedique unos minutos a dar gracias a Dios por aquellas cosas buenas que usted da por hecho que le corresponden.

Preparación del maestro

- Lea la lección, este plan de clase, la lectura inicial y las secciones del *Catecismo.*

- Familiarícese con los términos; ética coherente de la vida, acto intrínsecamente malo. Las definiciones las puede encontrar en el glosario de esta guía.

- Invite a la sesión a un miembro del comité provida de su parroquia o de una organización provida de la localidad para que les hable a los participantes acerca de los retos que enfrenta al defender la vida y los modos en que ellos, los participantes, pueden contribuir al respeto a la vida.

Bienvenida

Salude a cada persona según vayan llegando. Chequee los suministros y las necesidades inmediatas. Pídales que formulen preguntas o comentarios acerca de la sesión anterior y/o comparta con ellos nuevas informaciones y conclusiones. Comience la sesión rápidamente.

Lectura inicial

Génesis 1:24–31

Encienda la vela y lea el pasaje en voz alta. Discuta el propósito del autor inspirado. Pregunte, ¿Qué verdades importantes estaba tratando de transmitir? ¿Qué nos dicen este y otros pasajes de las Escrituras acerca del valor de toda vida, especialmente la vida humana, ante los ojos de Dios?"

Las respuestas pueden incluir que todas las formas de vida son buenas y valiosas; que la vida humana es única, sagrada y está situada sobre la vida de plantas y animales; que Dios llamó a los humanos a cuidar de todas las criaturas y de la naturaleza, especialmente mutuamente. Así mismo, Génesis 6-8 nos narra cómo Dios salvó del Diluvio a Noé y a todas las criaturas, y el Salmo 8 habla de la posición especial que ocupa la humanidad.

> La vida humana ha de ser tenida como sagrada, porque desde su inicio es fruto de la acción creadora de Dios y permanece siempre en una especial relación con el Creador, su único fin. Sólo Dios es Señor de la vida desde su comienzo hasta su término.
>
> *CIC 2258*

Jornada de Fe

En breve:

- Muchos problemas de nuestro tiempo amenazan la vida humana.
- Algunos actos contra la vida son intrínsecamente malos.
- Los católicos están llamados a defender de forma coherente la vida humana.

Una ética coherente de la vida

Margarita nació en 1287 en el seno de una familia noble de Italia. Era ciega, tenía una joroba, una pierna más corta que la otra y la cabeza alargada y deforme. Sus padres le dijeron a la gente que había muerto en el parto y no dejaron que estuviera en los cuartos principales de su casa. Margarita se ganó el amor de los siervos con su inteligencia y amabilidad.

Temiendo que se llegara a conocer su verdadera identidad, sus papás la encerraron en un pequeño cuarto contiguo a una capilla. Sin embargo, Margarita no se desanimó. Con la ayuda de un sacerdote, aprendió a hacer de su prisión una celda para contemplar a Dios.

Sus papás la llevaron a una ciudad famosa por las curaciones milagrosas que tenían lugar en ella. Como no ocurrió ningún milagro, la abandonaron en una iglesia. María no se desesperó. Al contrario, quiso dar a los pobres y necesitados el amor que sus padres le habían negado. Se convirtió en dominica de la Tercera Orden y se dedicó a alimentar a los hambrientos, cuidar a los enfermos y visitar a los encarcelados.

Esa mujer ciega, deforme y abandonada logró que el mundo sintiera su presencia. Hoy es conocida como la beata Margarita de Castello. Su vida es un ejemplo de la sacralidad y valor inherente de *toda* vida humana.

Toda vida es sagrada

El quinto mandamiento lo dice claramente, "No matarás" (Éxodo 20:13; Deuteronomio 5:17). Cumplir este mandamiento implica mucho más que no asesinar. Debemos reconocer y promover la dignidad y sacralidad de toda vida humana.

El Cardenal Joseph Bernardin llamó a esta reverencia integral hacia la vida una "**ética coherente de la vida**", la cual incluye la oposición al aborto, las masacres o los genocidios, la pena de muerte y otros pecados contra la dignidad de la persona humana. También abarca el apoyo a los programas sociales que alimentan a los hambrientos, dan una casa a los sin techo y que ayudan a los ancianos y a los inmigrantes..

"Una ética coherente de la vida (...) sostiene una visión integral de la vida la cual debe ser protegida ante amenazas diversas y distintas. Una ética consistente no significa que todos en la Iglesia deben hacer todo, sino que mientras se trabaja de forma individual o en grupo en un determinado aspecto, ya sea la oposición al aborto o a la pena de muerte, la forma en que combatimos una determinada amenaza debe reflejar un respeto coherente por toda forma de vida humana".

Cardenal Bernardin,
1984, Discurso en la Saint Louis University

ADULTOS

CIC 1913–17, 2258–2330

Una ética coherente de la vida

Invite a los participantes a contar sus reacciones ante la historia de la beata Margarita de Castello. Su práctica (aplicación) de una ética coherente de la vida y su heroica entrega a la causa de la dignidad humana es un ejemplo para todos. Pregunte: "¿Qué nos enseña esta historia acerca de nuestros juicios sobre el valor de la vida humana? ¿Cuáles son sus implicaciones con respecto al aborto, la eutanasia, las investigaciones con células madre embrionarias y con la pena capital?" Recuérdeles que, a los ojos de Dios, toda persona es valiosa.

Invite al grupo a narrar ejemplos contemporáneos de opciones provida –aceptando un embarazo no planeado u ocurrido en medio de una crisis, permitiendo que la muerte siga su curso natural, perdonando a un atacante– y a mencionar individuos de su propio medio o de otros lugares del mundo que hayan mostrado tales proezas de virtudes heroicas o de santidad. Reconozca que esas decisiones implican riesgos, reales consecuencias negativas, y una gran dosis de sacrificio personal, todo lo cual da testimonio de la verdad y el poder del propio sacrifico de Cristo en la cruz.

Toda vida es sagrada

Compare las opiniones de la sociedad sobre qué hace valiosa la vida humana (la belleza, la inteligencia, las habilidades atléticas, la productividad) con el punto de vista de la Iglesia (que cada ser humano es creado por Dios a su imagen y semejanza). Recuerde a los participantes que una ética coherente se aplica a *todos* los seres humanos, incluso a aquellos que nos agobian y cometen atrocidades.

Pregunte, "¿Por qué es tan importante que consideremos sagrada cada vida? ¿Cuáles son los problemas inherentes a la idea de que los humanos determinen qué vidas son valiosas y cuáles no?" Discuta las posibles implicaciones de tener (o de no tener) una ética coherente de la vida en el mundo de hoy. Pregunte entonces "¿Quién tiene autoridad para decidir entre la vida y la muerte? ¿De dónde salió ese poder?"

Las respuestas pueden incluir que, sin una ética coherente, las fuerzas del poder y el mal pueden imponerse a los débiles y vulnerables, considerarlos sin valor y destruirlos; a los individuos se les puede negar su derecho a hacer realidad sus potencialidades o a recibir curación y misericordia; y, finalmente, solo Dios determina la vida o la muerte, aunque las personas –como en el caso de los padres, los trabajadores de la salud y los miembros de las fuerzas armadas y los cuerpos del orden– pueden optar por cooperar con Dios o actuar en contra de su voluntad.

Los no nacidos

Señale, caso de ser necesario, que, a diferencia de la concepción, ni del implante, ni del nacimiento, ni de ninguna otra medida de viabilidad cabe decir que da como resultado una criatura nueva y claramente diferenciada. Este es un hecho científico (genético) y no simplemente un reclamo religioso o moral.

Explique que, aunque el aborto, la fertilización in vitro, las investigaciones con células madre embrionarias, la eutanasia y la pena de muerte son a veces presentadas como soluciones dictadas por el sentido común o como males menores, en realidad pocas veces sus límites están bien demarcados y no son nunca totalmente altruistas (desinteresados) ni universalmente beneficiosos.

Recuérdeles a los participantes, de ser necesario, que la doctrina de la moral católica sostiene que la concepción debe permanecer en el contexto del matrimonio y que todos los matrimonios deben permanecer abiertos a la posibilidad de una nueva vida. Con ese fin, la Iglesia se opone a todas las prácticas que "disocian el acto sexual del acto procreador" (*CIC* 2377). Ellas incluyen la esterilización electiva, el alquiler de vientres, los anticonceptivos (especialmente los abortivos), la fornicación y los actos homosexuales.

Reafirme el concepto de "acto intrínsecamente malo" con ejemplos tomados de la lección de documentos de la Iglesia. El documento *Forming Consciences for Faithful Citizenship* de la Conferencia de Obispos Católicos de los Estados Unidos (USCCB, en adelante) identifica como tales al aborto, la eutanasia, la clonación, la investigación que implica la destrucción de embriones, y el genocidio –todos los que consisten en la eliminación intencional de vidas (22–23). Una lista similar y una explicación detallada se encuentran en la encíclica *Veritatis Splendor* (*VS* 79–83) del papa san Juan Pablo II.

Muchos de nosotros afirmamos la sacralidad de la vida en determinados aspectos que tocan nuestro corazón. Algunos se sienten atraídos por iniciativas que protegen al no nacido. A otros les atraen organizaciones internacionales que trabajan por la paz. No importa cuál sea nuestra causa o pasión, todos podemos hacer algo concreto en favor de la vida, en cualquiera de sus formas.

"Estamos ante un enorme y dramático choque entre el bien y el mal, la muerte y la vida, la 'cultura de la muerte' y la 'cultura de la vida'. Estamos (…) con la responsabilidad ineludible de elegir incondicionalmente en favor de la vida".

Papa san Juan Pablo II,
Evangelium Vitae, 28

• ¿Qué tema relacionado con la vida te conmueve más?

• ¿Qué dificultades, si las hay, debes superar para "elegir incondicionalmente en favor de la vida"?

Los no nacidos

Dios nos da a cada uno de nosotros un valor infinito, independiente de nuestras circunstancias, capacidad productiva o de cuán exitosos seamos según el mundo. Creada a imagen y semejanza de Dios, cada persona le puede decir a Dios: "Porque tú formaste mis riñones, me has tejido en el vientre de mi madre" (Salmo 139:13). Jesús nos dice que cuando recibimos con amor incluso a los más pequeños, lo recibimos a él mismo:

"Y tomando un niño [Jesús], le puso en medio de ellos, le estrechó entre sus brazos y les dijo: 'El que reciba a un niño como este en mi nombre, a mí me recibe; y el que me reciba a mí, no me recibe a mí sino a Aquel que me ha enviado'".

Marcos 9:36–37

Los católicos deben dar testimonio de la belleza única de todos los bebés que están en el vientre materno y deben ayudar a las familias de manera práctica antes y después del nacimiento. La confianza de una madre en nosotros y en Dios crecerá cuando experimente nuestro apoyo a la vida, tanto a la de ella como a la de su hijo.

La Iglesia ha enseñado de forma coherente que el *aborto* es un **acto intrínsecamente malo**, es decir, una acción totalmente opuesta a la voluntad de Dios y a las leyes de la naturaleza, y por lo mismo nunca es admisible.

La doctrina de la Iglesia sobre temas relacionados con la vida se funda en la convicción de que la vida humana comienza en la concepción o fertilización, esto es, la unión de un esperma y un óvulo. En ese momento, viene a la existencia un ser único con alma y dignidad propias. Esto tiene implicaciones morales en una serie de prácticas médicas:

• investigación con células madre

• clonación humana

• algunas técnicas de reproducción como la fertilización in vitro y la inseminación artificial.

En general, estas técnicas implican la creación y subsiguiente destrucción de embriones humanos. Sin importar la finalidad, la intención o el método se elimina una vida humana y por lo mismo son inaceptables.

"Porque ha de ser tratado como una persona desde su concepción, el embrión debe ser defendido en su integridad, atendido y cuidado médicamente como cualquier otro ser humano".

CIC 2323

• ¿De qué forma tu parroquia apoya los esfuerzos para terminar con el aborto y por ayudar a las mamás con embarazos problemáticos?

Aclare que el magisterio católico distingue entre las acciones que son "intrínsecamente malas" (que son *siempre* moralmente malas, independientemente de sus intenciones y resultados) y las acciones que, si bien son moralmente problemáticas, pueden estar justificadas en situaciones específicas (por ejemplo, la guerra y la pena de muerte). Recalque que esas clasificaciones tienen simplemente el propósito de sopesar los aspectos buenos y malos opuestos entre sí— como en el caso de una emergencia o en situaciones de combate o en la selección de un candidato político— y no se refieren a ningún nivel de culpabilidad moral. Tales juicios están reservados a la autoridad adecuada (en último caso, al confesor y a Dios) que es la que tiene que evaluar cada caso individual.

Los que sufren y los que padecen alguna incapacidad

Para el doctor de la Grecia antigua, Hipócrates, ayudar a la muerte de una persona no formaba parte de la práctica médica: "Jamás daré a nadie medicamento mortal, por mucho que me soliciten, ni tomaré iniciativa alguna de este tipo" (Juramento hipocrático).

Las actuales prácticas médicas han suscitado retos para el problema de la vida y la muerte. Al contar con mayores posibilidades para tratar y manejar el dolor, muchos tienen dificultad para determinar qué es lo correcto. Donde la juventud, el placer y la autonomía se presentan como ideales, el sufrimiento se ve como algo que debe evitarse y como algo carente de sentido. Algunos sostienen el "derecho a morir", a escoger el momento, lugar y método de la propia muerte.

La enseñanza católica afirma claramente que la **eutanasia**, esto es, el asesinato deliberado de un enfermo o incapacitado, es un acto intrínsecamente malo. Retirar los cuidados ordinarios como la alimentación y la hidratación a bebés o adultos incapacitados con la intención de matarlos nunca está permitido.

> *"Nada ni nadie puede autorizar la muerte de un ser humano inocente, sea feto o embrión, niño o adulto, anciano, enfermo incurable o agonizante"*
>
> *Sagrada Congregación para la Doctrina de la Fe, Declaración "iura et bona" sobre la eutanasia, II.*

- ¿De qué forma preserva la dignidad de la vida el dejar a Dios decidir cuándo esta debe terminar?

Las víctimas inocentes de la guerra

Dios nos creó para vivir en armonía. Mientras la enseñanza católica ha permitido siempre la legítima defensa ante una invasión injusta, la naturaleza de la guerra moderna ha incrementado considerablemente la necesidad de trabajar por la paz.

En el siglo XX, marcado por las dos Guerras Mundiales y el uso de las bombas atómicas, la Doctrina Social de la Iglesia ha hablado con frecuencia de la guerra y la paz. La encíclica del Papa Juan XXIII "Sobre la paz entre los pueblos" (*Pacem in Terris*), subrayó la dignidad humana, los derechos y los deberes como el único fundamento posible para la paz. La Constitución Pastoral del Concilio Vaticano II *Gaudium et Spes* declaró: "la carrera de armamentos es la plaga más grave de la humanidad y perjudica a los pobres de manera intolerable" (GS 81).

El siglo XXI ha visto actos terroristas, guerras civiles, genocidios y guerras entre las naciones. En un discurso de enero de 2003 al cuerpo diplomático mientras los Estados Unidos se preparaban para la guerra contra Iraq, el Papa san Juan Pablo II afirmó: "¡«NO A LA GUERRA»! Esta nunca es una simple fatalidad. Es siempre una derrota de la humanidad". Más recientemente el Papa Francisco dijo:

> *"La guerra nunca es un medio satisfactorio para reestablecer la justicia y alcanzar soluciones equilibradas a las discordias sociales y políticas. Toda guerra es al final, como afirmó el Papa Benedicto XV en 1917, una 'masacre sin sentido'. La guerra arrastra a los pueblos a una espiral de violencia que una vez desatada es difícil de controlar; destruye lo que varias generaciones han construido con esfuerzo y crea las condiciones para injusticias y conflictos incluso mayores".*
>
> *Mensaje en la Reunión Internacional por la Paz, 26 de agosto de 2014.*

Las víctimas inocentes de la guerra

Para obtener un resumen conciso de la teoría o doctrina de la Iglesia sobre la guerra justa, remítales a "las condiciones estrictas de una legítima defensa mediante la fuerza militar" que estipula el *Catecismo* (*CIC* 2309). Explique que, dado lo peligroso del armamento moderno y las muchas oportunidades de la diplomacia, los elementos disuasivos como las sanciones intencionales y la contención, la guerra es muchas veces evitable y no debe ser sino el último recurso.

Mencione que la encíclica *Centesimus annus* emitida en 1991 por el papa san Juan Pablo II (ver especialmente 18) proporciona una excelente descripción de los efectos reales de la guerra moderna y aboga "por la paz genuina" y la reconciliación en lugar del repudio.

El delincuente convicto

Ponga énfasis en que, a pesar de posibles prejuicios y errores en el curso del debido proceso, los cristianos están llamados a ir más allá de la letra de la ley y atenerse al espíritu de amor de la divina misericordia de Dios. Recuérdeles que, al igual que en el caso de la guerra, hay alternativas que resultan efectivas para garantizar la seguridad y los derechos de la sociedad sin tener que llegar a matar.

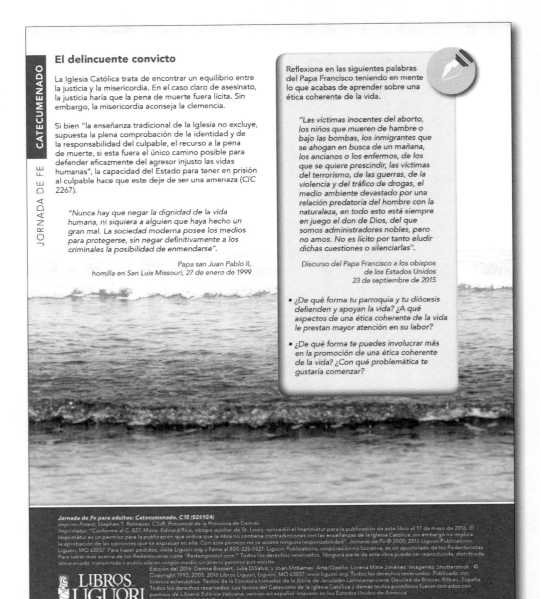

JORNADA DE FE | **CATECUMENADO**

El delincuente convicto

La Iglesia Católica trata de encontrar un equilibrio entre la justicia y la misericordia. En el caso claro de asesinato, la justicia haría que la pena de muerte fuera lícita. Sin embargo, la misericordia aconseja la clemencia.

Si bien "la enseñanza tradicional de la Iglesia no excluye, supuesta la plena comprobación de la identidad y de la responsabilidad del culpable, el recurso a la pena de muerte, si esta fuera el único camino posible para defender eficazmente del agresor injusto las vidas humanas", la capacidad del Estado para tener en prisión al culpable hace que este deje de ser una amenaza (*CIC* 2267).

"Nunca hay que negar la dignidad de la vida humana, ni siquiera a alguien que haya hecho un gran mal. La sociedad moderna posee los medios para protegerse, sin negar definitivamente a los criminales la posibilidad de enmendarse".

*Papa san Juan Pablo II,
homilía en San Luis Missouri, 27 de enero de 1999*

Reflexiona en las siguientes palabras del Papa Francisco teniendo en mente lo que acabas de aprender sobre una ética coherente de la vida.

"Las víctimas inocentes del aborto, los niños que mueren de hambre o bajo las bombas, los inmigrantes que se ahogan en busca de un mañana, los ancianos o los enfermos, de los que se quiere prescindir, las víctimas del terrorismo, de las guerras, de la violencia y del tráfico de drogas, el medio ambiente devastado por una relación predatoria del hombre con la naturaleza, en todo esto está siempre en juego el don de Dios, del que somos administradores nobles, pero no amos. No es lícito por tanto eludir dichas cuestiones o silenciarlas".

Discurso del Papa Francisco a los obispos de los Estados Unidos 23 de septiembre de 2015

- ¿De qué forma tu parroquia y tu diócesis defienden y apoyan la vida? ¿A qué aspectos de una ética coherente de la vida le prestan mayor atención en su labor?

- ¿De qué forma te puedes involucrar más en la promoción de una ética coherente de la vida? ¿Con qué problemática te gustaría comenzar?

Jornada de Fe para adultos: Catecumenado, C15 (826924)
Imprimi Potest: Stephen T. Rehrauer, CSsR, Provincial de la Provincia de Denver.
Imprimátur: "Conforme al C. 827, Mons. Edward Rice, obispo auxiliar de St. Louis, concedió el Imprimátur para la publicación de este libro el 17 de mayo de 2016. El Imprimátur es un permiso para la publicación que indica que la obra no contiene contradicciones con las enseñanzas de la Iglesia Católica, sin embargo no implica la aprobación de las opiniones que se expresan en ella. Con este permiso no se asume ninguna responsabilidad". *Jornada de Fe* © 2000, 2016 Liguori Publications, Liguori, MO 63057. Para hacer pedidos, visite Liguori.org o llame al 800-325-9521. Liguori Publications, corporación no lucrativa, es un apostolado de los Redentoristas. Para saber más acerca de los Redentoristas visite "Redemptorist.com." Todos los derechos reservados. Ninguna parte de esta obra puede ser reproducida, distribuida, almacenada, transmitida o publicada en ningún medio sin previo permiso por escrito.
Edición del 2016: Denise Bossert, Julia DiSalvo, y Joan McKamey. Arte/Diseño: Lorena Mitre Jiménez. Imágenes: Shutterstock. © Copyright 1993, 2005, 2016 Libros Liguori, Liguori, MO 63057. www.liguori.org. Todos los derechos reservados. Publicado con licencia eclesiástica. Textos de la Escritura tomados de la *Biblia de Jerusalén Latinoamericana*; Desclée de Brower, Bilbao, España. Todos los derechos reservados. Los textos del Catecismo de la Iglesia Católica y demás textos pontificios fueron tomados con permiso de *Librería Editrice Vaticana*, versión en español. Impreso en los Estados Unidos de América.
20 19 18 17 16 / 5 4 3 2 1 Tercera edición

LIBROS LIGUORI

Diario

Presente al invitado provida y escuchen su presentación antes de que los participantes comiencen a escribir o a responder las preguntas de motivación. Esto debe inspirarles y darles ideas prácticas con las que empezar. Pregunte a los participantes y espónsores, "De lo que acabamos de escuchar, ¿dónde se ve a Cristo presente y trabajando? ¿Qué le infunde esperanzas?"

Oración final

Tenga presentes las intenciones particulares—especialmente por los enfermos, los moribundos, los discapacitados, los encarcelados y los no nacidos. (En el sitio del USCCB están disponibles las oraciones específicas para la intercesión). Dé gracias a Dios por el regalo de la vida. Concluya con este fragmento de la oración provida del obispo Robert Baker de Birmingham (Alabama):

Señor Dios...Tú eres el Protector y el Defensor de las vidas de los inocentes nonatos...Cambia los corazones de quienes ponen en peligro el llamado a proteger y defender la vida. Conduce a nuestra nación a los valores que han hecho de nosotros una gran nación, una sociedad que respalda los valores de la vida, la libertad y la búsqueda de la felicidad para todos. Amén.

Tarea

Anime a los participantes a apoyar, aunque sea en forma modesta, como rezar por su ministerio, a un grupo o centro de asesoramiento provida de la región. Ello resulta particularmente significativo en el mes de enero y en Cuaresma. Si no hay ninguno cercano, valore posibles formas de llegar a quienes lo necesiten. Para aquellos que prefieren estar activos, o ya lo están, en tales causas, la lección C16: "Justicia Social" analiza los modos de incrementar la justicia en todo el mundo y apoyar a otros grupos especiales, como los pobres y los trabajadores.

Catecismo: 1928–48, 2419–63

Objetivos

Los participantes…

- definirán la justicia social y reconocerán cómo su fundamento se halla en las enseñanzas de Jesucristo.
- identificarán los siete temas de la doctrina social cristina.
- mencionarán formas prácticas en las que el laicado puede cumplimentar el llamado a hacer avanzar la justicia social y defender a los pobres.
- se percatarán de que esta esfera de la doctrina de la Iglesia está en continuo avance para ponerse a la par de las necesidades generadas en la cambiante sociedad.

Meditación del maestro

Lucas 16:19–31

Piense en las veces en que usted o uno de sus seres queridos se sintió como Lázaro. ¿Quién cuidó de usted cuando mayor era esa semejanza? ¿Cómo pude usted responder a los "Lázaros" que hay en su medio? Tenga presente que el tiempo, los conocimientos y el apoyo espiritual que generosamente entrega en el *RICA* es ciertamente una respuesta a las necesidades de otros que están en la Iglesia de Dios o cercanos a ella.

Preparación del maestro

- Lea la lección, este plan de clase, el pasaje de las Escrituras y las secciones del *Catecismo*.
- Familiarícese con los términos: justicia social, Doctrina Social Cristina. Las definiciones se encuentran en el glosario de esta guía.
- Si falta poco para unas elecciones, consiga copias del documento del USCCB "*Forming Consciences for Faithful Citizenship*" o de algún otro material relacionado para entregarlo a cada participante y espónsor.

Bienvenida

Salude a los catecúmenos, candidatos y espónsores según vayan llegando. Pídales que formulen sus preguntas o comentarios acerca de las *dos* sesiones anteriores y/o comparta con ellos nueva informaciones y conclusiones.

Lectura Inicial

Lucas 16:19–31

Encienda la vela y lea el pasaje en voz alta. Analice qué pudiera haber hecho el hombre rico por Lázaro cuando ambos estaban vivos. Pregunte a los participantes, "¿Por qué el rico ignoró a Lázaro?" Invítelos a pensar en las personas que, con respecto a ellos, representan los Lázaros de sus vidas. Recuérdeles las diferentes formas de pobreza. Las personas que no tienen amigos, que no tienen una buen posición social, estabilidad familiar, salud mental o amor, experimentan todos ellos una forma de pobreza.

> *La sociedad asegura la justicia social cuando realiza las condiciones que permiten a las asociaciones y a cada uno conseguir lo que les es debido según su naturaleza y su vocación.*
>
> *CIC 1928*

En breve:

- La Doctrina Social de la Iglesia se basa en la justicia de Dios como la expresó Jesús.
- La Doctrina Social de la Iglesia tiene siete principios clave.
- Los cristianos están llamados a promover la justicia y a defender a los pobres y vulnerables.

La justicia social

Desde sus inicios, la Iglesia Católica ha tratado de entender y vivir el mandamiento de Jesús de "ámense los unos a los otros como yo los he amado" (cf. Juan 15:12). Siguiendo la guía de Cristo, la Iglesia se preocupa por toda la persona. Además del apoyo y alimento espiritual, la Iglesia está llamada a ofrecer comida, techo y seguridad a los necesitados. También estamos llamados a trabajar para cambiar los sistemas injustos de forma que los derechos humanos de cada persona sean respetados. Esta es nuestra responsabilidad social.

"El deber de hacerse prójimo de los demás y de servirlos activamente se hace más acuciante todavía cuando estos están más necesitados en cualquier sector de la vida humana".

CIC 1932

La Doctrina Social de la Iglesia nace de la convicción de que cada persona tiene un valor infinito porque hemos sido creados a imagen de Dios. No importa qué tan pobre, débil, enferma o indefensa pueda ser una persona, él o ella debe ser tratada como hijo de Dios.

Los cristianos están llamados a trabajar por la **justicia social** asegurando que todas las personas tienen satisfechas sus necesidades básicas. Estas necesidades básicas son el alimento, el vestido, la casa y contar con un ingreso que le permita vivir a una familia. Los cristianos estamos llamados a compartir nuestros dones y a cooperar con las instituciones que trabajan por el bien común.

"Aprendan a hacer el bien, busquen lo justo, den sus derechos al oprimido, hagan justicia al huérfano, aboguen por la viuda. Vengan, pues, y disputemos —dice Dios—".

Isaías 1:17–18

"Se te ha hecho saber, hombre, lo que es bueno, lo que Dios quiere de ti: tan solo respetar el derecho, amar la lealtad y proceder humildemente con tu Dios".

Miqueas 6:8

- *¿Qué temas relacionados con la justicia social conoces?*
- *¿Cuáles te llaman más la atención? ¿Por qué?*

Jesús y la justicia social

En la sinagoga de Nazareth, Jesús leyó: "El Espíritu del Señor sobre mí, porque me ha ungido para anunciar a los pobres la Buena Nueva, me ha enviado a proclamar la liberación a los cautivos y la vista a los ciegos, para dar la libertad a los oprimidos y proclamar un año de gracia del Señor" (Lucas 4:18–19; también Isaías 61:1–2).

ADULTOS

CIC 1928–48, 2419–63

Justicia social

Compartan en grupo ejemplos de injusticia, opresión e inequidad social en nuestro mundo de hoy. Puede que existan en pequeñas o extensas áreas, en nuestras escuelas y centros de trabajo, o en otros países. Ponga énfasis en que, si bien podemos sentirnos impotentes para enmendar las injusticias sociales que hay en el mundo, nosotros tenemos un formidable poder para hacer que se produzcan cambios sociales en nuestras familias, iglesias y vecindarios.

Enfatice que llevar una vida justa es un estilo de vida, un hábito que debemos adquirir temprano y practicar diariamente. Si el tiempo lo permite, lea esta declaración tomada del *Catecismo; "La justicia es la virtud moral que consiste en la constante y firme voluntad de dar a Dios y al prójimo lo que les es debido… El hombre justo, evocado con frecuencia en las Sagradas Escrituras, se distingue por la rectitud habitual de sus pensamientos y de su conducta con el prójimo"* (*CIC* 1807). Ponga énfasis en la palabra *habitual* para destacarla. Una persona verdaderamente justa es coherente en sus actitudes y comportamiento.

Discuta esta afirmación: *La responsabilidad social comienza con una actitud de respeto y generosidad para con todos los pueblos del mundo.* Pregunte a los participantes, ¿Cómo están interconectadas la dignidad humana y la justicia social?"

El mensaje social de la Iglesia

Mencione que, en cada año de elecciones presidenciales, el USCCB ofrece orientaciones acerca de la responsabilidad política de los católicos mediante un documento titulado *"Forming Consciences for Faithful Citizenship."* Remita al grupo a este documento u otras fuentes autorizadas. Si está próxima una elección, distribuya copias y dedique unos pocos minutos a discutir sus implicaciones y posibles aplicaciones.

Lea la descripción que aparece en el *Catecismo* acerca del propósito y el significado del trabajo: "El valor primordial del trabajo pertenece al hombre mismo, que es su autor y su destinatario. El trabajo es para el hombre y no el hombre para el trabajo. Cada cual debe poder sacar del trabajo los medios para sustentar su vida y la de los suyos, y para prestar servicio a la comunidad humana" (*CIC* 2428). Aclare que aquí, el trabajo puede ser definido de modo amplio, de manera que incluya el trabajo voluntario y el doméstico, así como las ocupaciones profesionales (ver la encíclica *Laborem Exercens* del papa san Juan Pablo II).

Ponga énfasis en que el valor del trabajo y de los trabajadores excede con mucho su productividad o su capacidad de generar ingresos. Discuta cómo el trabajo puede ser una ganancia en términos de la dignidad humana que permite experimentar. Anime a los participantes a reflexionar en cómo su trabajo contribuye a la sociedad y cómo les ayuda a ellos a desarrollarse como personas. Invítelos a relatar ocasiones en las que su trabajo haya dado propósito o estructura a sus vidas. Pregunte, "¿Cómo el desempleo o el subempleo nos afecta emocional y financieramente?"

Recuerde a los participantes los pasos cardinales en relación con los derechos de los trabajadores mencionados por el papa san Juan Pablo II en su encíclica *Centesimus Annus*: salarios justos y suficientes para el sustento, condiciones de trabajo seguras y saludables, "limitación de las horas de trabajo", existencia de sindicatos y restricciones al trabajo infantil (*CA* 7-8).

Jesús buscó siempre la justicia social. Era muy consciente de los sufrimientos y dificultades de la vida real. En el Evangelio de Lucas (16:19–25), Jesús narra la historia de Lázaro, un pobre "cubierto con llagas" que deseaba comer "deseaba llenarse de lo que caía de la mesa del rico".

Cuando Lázaro murió, "los ángeles lo llevaron al seno de Abrahán". Cuando el hombre rico murió y pidió clemencia, Abrahán le respondió, "Hijo, recuerda que recibiste tus bienes durante tu vida y Lázaro, al contrario, sus males; ahora, pues, él es aquí consolado y tú atormentado" (Lucas 16:19–25).

En esta historia, Jesús no condena al hombre rico por ser rico. El pecado del rico fue su indiferencia ante el sufrimiento que había a su alrededor. Jesús nos da una importante enseñanza en este pasaje: estamos llamados a ayudar activamente a quien es vulnerable, pobre o vive marginado.

"¿Por qué rechazas a uno que tiene los mismos derechos que tú sobre la naturaleza? No le das al pobre de tus propios bienes; es una porción de lo que le pertenece lo que le estás devolviendo".

San Ambrosio

- ¿Cuándo has sentido la tentación de cerrar tus ojos ante el sufrimiento de otro u otros?

- ¿Qué tan deseoso estás de hacer algo por los pobres y oprimidos, y de ponerte de su parte? ¿Qué estás dispuesto a sacrificar? ¿Tu tiempo? ¿Tu dinero? ¿La estima de los demás?

Dar prioridad a los pobres

Siguiendo el ejemplo de Cristo, la Iglesia nos llama a un *amor preferencial* por los pobres (ver *CIC* 2448). Nuestras instituciones, decisiones y acciones deben estar guiadas por estas cuatro prioridades que aparecen en la carta de los obispos de los Estados Unidos en su carta pastoral *Justicia* económica para todos (90-93):

1. Satisfacer las necesidades básicas de los pobres.

2. Incrementar la participación activa de los pobres y de los marginados.

3. Invertir más en bienes y talentos que beneficien a los pobres.

4. Evaluar las diversas políticas a la luz de su impacto en la vida de las familias.

"En verdad les digo que cuanto hicieron a uno de estos hermanos míos más pequeños, a mí me lo hicieron. (...) cuanto dejaron de hacer con uno de estos más pequeños, también conmigo dejaron de hacerlo".

Mateo 25:40, 45

El mensaje social de la Iglesia

Jesús no fue un político, pero tampoco tuvo miedo de hablar sobre temas de política. La Iglesia se esfuerza por seguir su ejemplo. Si bien pide al clero y a los religiosos abstenerse de asumir cargos políticos, la Iglesia no evita los temas relacionados con la política, especialmente cuando los derechos humanos se ven amenazados.

Una verdadera espiritualidad centrada en Cristo debe condenar cualquier estructura, política o práctica que haga menos o degrade a las personas. Por ello, la Iglesia debe ser lo que Dios quiere que sea: levadura de paz, justicia e igualdad entre todos los pueblos, una defensora de la dignidad y los derechos del pueblo de Dios.

La época moderna de la **Doctrina Social de la Iglesia** comenzó con la encíclica del Papa León XIII "Sobre la situación de los obreros" (*Rerum Novarum*). En respuesta a los cambios que había sufrido la sociedad europea a causa de la industrialización y la urbanización, el Papa León pidió que terminara la explotación de los obreros y abogó por un salario justo y por el derecho de estos a organizarse en sindicatos y negociar de forma colectiva. El Papa también aclaró que la Doctrina Católica sostiene el derecho a la propiedad privada y a una ganancia justa.

Desde entonces, la Iglesia universal y las conferencias episcopales han hablado de problemas sociales como la guerra y la paz, la economía, el racismo, la libertad religiosa, la pena de muerte, la santidad de la vida, el hambre, la pobreza y el ambiente. Si bien los líderes de la Iglesia no son expertos en economía, relaciones laborales o política, sí entienden la Palabra de Dios en relación con la igualdad, la justicia y los derechos humanos e invitan a todas las personas a entender y observar la ley de Dios.

Estamos llamados a preocuparnos tanto por las necesidades inmediatas de los pobres a través de obras de caridad *como* por eliminar las causas de los problemas sociales defendiendo políticas justas y ayudando a cambiar las estructuras sociales injustas. Dorothy Day, cofundadora del Movimiento del Trabajador Católico, explicó:

> *"Cuando ves a un señor caminando por una carretera y ves que lo atropella un camión, por supuesto que corres a ayudarlo. Y si ves que lo mismo le pasa a otra persona, harás igual. Y seguirás haciéndolo en situaciones similares. Pero, después de un tiempo, comenzarás a preguntarte de dónde vienen los camiones que atropellan a las personas. Y una vez que lo descubras, tratarás de detenerlos desde antes".*

Dorothy Day

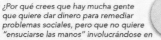

- ¿Por qué crees que hay mucha gente que quiere dar dinero para remediar problemas sociales, pero que no quiere "ensuciarse las manos" involucrándose en primera persona en el servicio o en otras acciones concretas?

- Si todo lo anterior es necesario, ¿por qué no es suficiente para los cristianos ser caritativos dando dinero?

Principios de la Doctrina Social Católica

La Doctrina Social de la Iglesia se enraíza en la convicción de que todas las personas, creadas por Dios con amor, tienen un valor y dignidad inherentes. Los siete principios de la Doctrina Social de la Iglesia guían nuestra labor en favor de las necesidades y derechos de todo el pueblo de Dios.

Vida y dignidad de la persona humana: Toda vida debe ser protegida desde su concepción hasta su muerte natural, y toda forma de discriminación debe terminar.

Promover la familia, la comunidad y la participación: El matrimonio tradicional y la vida familiar son instituciones sociales fundamentales y deben ser fortalecidas y apoyadas.

Derechos y responsabilidades: Todas las personas deben poder satisfacer sus necesidades básicas, esto es, comida, vestido, vivienda, descanso, atención médica y educación.

Amor preferencial por el pobre y vulnerable: Las necesidades de los pobres y vulnerables están en primer lugar y merecen una respuesta preferencial cuando estamos en condiciones de ayudar.

Dignidad del trabajo y derechos de los trabajadores: Todos tienen derecho a un empleo justamente remunerado y condiciones dignas de trabajo.

Solidaridad: Somos una sola familia humana y debemos trabajar por que todos vivan con paz y justicia.

Cuidado de la creación de Dios: Estamos llamados a proteger la vida humana y el mundo que Dios nos ha dado.

- ¿Cuál de estos principios te llama más la atención?

- ¿A qué te está llamando Dios en ese campo?

Principios de la Doctrina Social Católica

Repasen los siete temas de la doctrina social católica. En cuanto a cada uno de los principios, pida a los participantes ejemplos de cómo podemos nosotros influir en la justicia social en el mundo.

Las respuestas pueden incluir – aunque no limitarse a – votar por candidatos y programas con sentido de responsabilidad social, donar tiempo y dinero a organizaciones caritativas, dar apoyo y ayuda a familiares y amigos necesitados, usar nuestros recursos naturales de modo inteligente y conservacionista.

El bienestar de la sociedad es una preocupación de la Iglesia y debe ser también nuestra preocupación.

Podemos promover la justicia social de las siguientes formas:

1. *Compartir nuestros bienes.* Compartir lo que tenemos reduce las diferencias entre pobres y ricos.

2. *Servir a otros.* Jesús dijo que quienquiera que desee ser grande, debe convertirse en servidor (ver Marcos 10:42–45). Podemos ofrecernos como voluntarios para hacer obras de caridad y actos de servicio.

3. *Alzar nuestra voz por la justicia.* Podemos escoger una causa social y hacer algo para ayudar a la sociedad a tomar conciencia del problema y de la necesidad de solucionarlo.

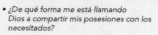

Lee Mateo 25:31–46 y reflexiona en las siguientes preguntas escribiendo las respuestas en tu diario:

• *¿De qué forma me está llamando Dios a compartir mis posesiones con los necesitados?*

• *¿De qué forma me está llamando Dios a servir a otros a través de actos de caridad y de servicio?*

• *¿De qué forma me está invitando Dios a comprometerme con la justicia?*

• *¿Quiénes son "los últimos" que claman esperando mi respuesta? ¿Cómo voy a responder?*

Jornada de Fe para adultos: Catecumenado, C16 (826924)

Imprimi Potest: Stephen T. Rehrauer, CSsR, Provincial de la Provincia de Denver.

Imprimátur: "Conforme al C. 827, Mons. Edward Rice, obispo auxiliar de St. Louis, concedió el Imprimátur para la publicación de este libro el 17 de mayo de 2016. El Imprimátur es un permiso para la publicación que indica que la obra no contiene contradicciones con las enseñanzas de la Iglesia Católica, sin embargo no implica la aprobación de las opiniones que se expresan en ella. Con este permiso no se asume ninguna responsabilidad". *Jornada de Fe* © 2000, 2016 Liguori Publications, Liguori, MO 63057. Para hacer pedidos, visite Liguori.org o llame al 800-325-9521. Liguori Publications, corporación no lucrativa, es un apostolado de los Redentoristas. Para saber más acerca de los Redentoristas visite "Redemptorist.com." Todos los derechos reservados. Ninguna parte de esta obra puede ser reproducida, distribuida, almacenada, transmitida o publicada en ningún medio sin previo permiso por escrito.

Edición del 2016: Denise Bossert, Julia DiSalvo, y Joan McKamey. Arte/Diseño: Lorena Mitre Jiménez. Imágenes: Shutterstock. © Copyright 1993, 2005, 2016 Libros Liguori, Liguori, MO 63057. www.liguori.org. Todos los derechos reservados. Publicado con licencia eclesiástica. Textos de la Escritura tomados de la *Biblia de Jerusalén Latinoamericana,* Desclee de Brower, Bilbao, España. Todos los derechos reservados. Los textos del Catecismo de la Iglesia Católica y demás textos pontificios fueron tomados con permiso de *Librería Editrice Vaticana;* versión en español. Impreso en los Estados Unidos de América.

20 19 18 17 16 / 5 4 3 2 1. Tercera edición

LIBROS LIGUORI

Diario

Ponga énfasis en que no podemos permanecer callados ante la injusticia. Pida a los participantes que reflexionen en sus diarios de oración en las formas en que pueden encarnar en sus vidas el Evangelio para que las cosas que interesan a Jesús se conviertan en las cosas que también les interesan a ellos. Pídales que esta semana escojan a una persona que será su Jesús. Anímelos a escribir sobre su experiencia de preocuparse por y ocuparse del "Cristo" con el que se encontraron esta semana.

Oración final

Después de que los participantes hayan expresado sus intenciones particulares, proclame Mateo 25:31-40, donde Jesús nos dice que cuando mostramos cariño y preocupación por el menor de nuestros hermanos y hermanas, mostramos amor por Él.

Tarea

Pida a los participantes que repasen los siete temas de la doctrina social católica y seleccionen uno al que cada uno de ellos dedique sus plegarias y las limosnas que dé durante la Cuaresma.

Recuerde a los participantes y espónsores, si resulta pertinente, que con esta lección concluimos la serie del Catecumenado. Recuérdeles que, al irse aproximando a la Vigilia Pascual, su jornada espiritual se intensificará. No deje de presentar la lección D1: *Elección: Decir sí a Jesús* antes del rito de elección.

Jornada de Fe para Adultos
Glosario del Catecumenado (ordenado alfabéticamente)

absolución (C6): En el sacramento de la Penitencia, las fórmulas o las palabras dichas por el sacerdote que "concede al penitente 'el perdón y la paz'", "perdona la culpa y la pena debidas al pecado", y restaura el estado de gracia (CIC 1424; Modern Catholic Dictionary). "A través de la oración y el ministerio de la Iglesia", Dios, "Padre misericordioso", perdona al pecador que, en la confesión, ha mostrado remordimiento por sus pecados y el deseo de actuar mejor y/o enmendarse, y cumple la penitencia (CIC 1449).

acto de contrición (C6): Oración que, en el sacramento de la Penitencia, con frecuencia, responde a una fórmula fija y expresa pesar por el pecado cometido. Se recita entre la aceptación de la penitencia y la concesión de la absolución. "El arrepentimiento (llamado también contrición) debe estar inspirado en motivaciones que brotan de la fe. Si el arrepentimiento es concebido por amor de caridad hacia Dios, se le llama 'perfecto'"; si está fundado en otros motivos se le llama "imperfecto" (CIC 1492).

acto intrínsecamente malo (C15): Un acto siempre opuesto a lo auténticamente bueno de la creación de Dios y que es, por lo tanto, moralmente malo. Estos actos han de ser siempre rechazados y evitados. Un ejemplo de acto intrínsecamente malo es el aborto, que es la eliminación intencional de una vida inocente (ver CIC 2271–72).

báculo (pastoral) (C9): Cayado que usan los obispos, algunos abates y otros prelados a los que se ha concedido ese privilegio. Es símbolo de su condición de pastores espirituales del pueblo creyente. (Modern Catholic Dictionary).

bautismo (C3): Del vocablo griego que significa "inmersión"; es el sacramento cristiano inicial mediante el cual "somos liberados del pecado y regenerados como hijos de Dios, llegamos a ser miembros de Cristo y somos incorporados a la Iglesia y hechos partícipes de su misión" (CIC 1213). El rito fundamental consiste en derramar agua sobre la persona, o la inmersión de esta en agua, y la fórmula trinitaria "Yo te bautizo en el nombre del Padre, y del Hijo, y del Espíritu Santo" (*RCIA* 317; *Rite of Baptism for Children*, 60). Otros elementos incluyen la unción con aceite, una profesión de fe, la vestimenta blanca, y el encender una vela con la llama del cirio pascual. Los padrinos "presentan al niño a la Iglesia" junto a los padres y representan a la comunidad de fe (*Rite of Baptism for Children*, 33).

cáliz (C9): Vasija ornamentada parecida a una copa que contiene el vino que será consagrado y se convertirá en la Preciosa Sangre durante la misa. El celebrante eleva el cáliz, aunque, para la distribución, se pueden utilizar adicionalmente copas de comunión menos ornamentadas.

candidato (C1): En el contexto del *RICA*, un cristiano bautizado que desea estar en plena comunión con la iglesia católica y se está preparando con ese fin. Los candidatos pueden ser admitidos en la Iglesia en la Vigilia Pascual o en otro domingo del año en dependencia de sus

circunstancias y disposición. El proceso y los ritos para los candidatos son diferentes a los de los catecúmenos no bautizados. También un católico bautizado, con frecuencia un adolescente, que se está preparando para el sacramento de la confirmación.

castidad (C8): "La castidad significa la integración lograda de la sexualidad en la persona… La persona casta mantiene la integridad de las fuerzas de vida y de amor depositadas en ella" (CIC 2337-38). Esta virtud moral y fruto del Espíritu "forma parte de la virtud cardinal de la templanza" y convoca a todos al dominio de sí, la pureza y la modestia (CIC 2341, 2345). "'Las personas deberán cultivarla según los diferentes estados de vida: a unas, en la virginidad o en el celibato consagrado…' Las personas casadas son llamadas a vivir la castidad conyugal; las otras practican la castidad en la continencia" (CIC 2349). La castidad conyugal llama a los esposos a la fidelidad y a honrar la naturaleza unitiva y procreativa de cada acto.

cisma (C12): De la palabra griega que significa "separar"; la división en dos partes o la separación (secesión) formal de una facción debido a diferencias en las creencias. En particular, "el rechazo de la sujeción al Sumo Pontífice o de la comunión con los miembros de la Iglesia a él sometidos" (Canon 751; ver también CIC 2089, 817). El *Gran Cisma* se refiere a la separación de la Iglesia oriental (Ortodoxa) de la occidental (Romana/Latina) a partir de 1054.

conciencia (C13): "Presente en el corazón de la persona, la conciencia moral le ordena, en el momento oportuno, practicar el bien y evitar el mal. Juzga también las opciones concretas aprobando las que son buenas y denunciando las que son malas… La conciencia moral es un juicio de la razón por el que la persona humana reconoce la cualidad moral de un acto concreto que piensa hacer, está haciendo o ha hecho… Mediante el dictamen de su conciencia el hombre percibe y reconoce las prescripciones de la ley divina" (*CIC* 1777-78).

confirmación (C4): Del latín que significa "fortalecer"; es el sacramento de iniciación que profundiza y completa gracia bautismal y fortalece a la persona con el Espíritu Santo para alcanzar la madurez como discípulo. El rito fundamental consiste en la unción con aceite y la imposición de las manos por el obispo o sacerdote y las palabras, "recibe por esta señal el don del Espíritu Santo" (*The Order of Confirmation*). Aquellos que son bautizados de adultos y los niños crecidos reciben la confirmación conjuntamente con el bautismo; los bautizados de pequeños reciben la confirmación a la "edad de la discreción", la que con frecuencia corresponde a la adolescencia (Canon 891).

crisma (C3): Aceite de oliva mezclado con bálsamo que ha sido bendecido (consagrado) por el obispo en la misa crismal para ser utilizado en los sacramentos del bautismo, la confirmación y la ordenación de un sacerdote u obispo. Este sacramental es también llamado *santo crisma*.

denominación (C12): Grupo o rama de la cristiandad (o cualquier religión) con sus propias reglas de gobernanza y sus propias autoridades colegiadas. Muchas denominaciones cristianas están asociadas a la Reforma Protestante y están, por tanto, separadas de la iglesia católica y han perdido la plena comunión con esta.

Doctrina social católica (C16): La tradición y doctrina unificada, "y en permanente actualización de la Iglesia, que se articula a medida que la Iglesia interpreta los acontecimientos a lo largo de la historia, a la luz del conjunto de la palabra revelada… La doctrina social de la Iglesia propone principios de reflexión, extrae criterios de juicio, da orientaciones para la acción" (*CIC* 2422-23). Se le puede resumir y comprender de acuerdo con sus siete temas clave.

elegido (C1): Nombre dado a los catecúmenos que han pasado el rito de elección, han ingresado al periodo de purificación e iluminación, y se están preparando para celebrar los sacramentos de la iniciación (bautismo, confirmación y eucaristía) durante la siguiente Vigilia Pascual.

escrutinios (C1): Tres ritos para los no bautizados que generalmente se celebran el tercer, cuarto y quinto domingo de Cuaresma. "Los escrutinios tienen como propósito poner al descubierto y después sanar todo lo débil, defectuoso o pecaminoso que hay en los corazones de los elegidos; sacar y después fortalecer todo lo que es recto, fuerte y bueno… [De los elegidos] se espera en especial que progresen en un genuino autoconocimiento mediante el serio examen de sus vidas y un sincero arrepentimiento" (*RCIA* 141–42). Los ritos figuran y se reflejan en las lecturas del Evangelio del ciclo dominical A "y se les refuerza con un exorcismo" (*RCIA* 141; ver *Guía del Maestro de Preguntas de la Jornada de Fe para Adultos*).

ética coherente de la vida (C15): Formulada por primera vez por el cardenal Joseph Bernardin en una conferencia dictada en la Fordham University en 1983. Consiste en la convicción de que toda vida humana es sagrada, de que todos los seres humanos tienen dignidad, y de que nuestras acciones deben ser reflejo de ello. Generalmente se asocia a cuestiones relativas a la vida, incluidas aquellas que se relacionan con "*el homicidio directo y voluntario*" como en los casos de homicidio intencional, aborto, eutanasia, guerra injusta y pena de muerte (*CIC* 2268. Ver acto intrínsecamente malo.)

examen de conciencia (C6): Una devota reflexión sobre las propias palabras y obras tomando los evangelios y los mandamientos como guía para determinar en qué uno ha pecado contra Dios. Si bien el examen regular y hasta diario (como el *Examen general* de san Ignacio) puede ser espiritualmente beneficioso, antes del sacramento de la penitencia deberá hacerse un examen de conciencia (*CIC* 1454).

Éxodo (C10): La salida de los israelitas de Egipto según se relata en el Libro del Éxodo. Moisés guio a los hebreos en su huida de la esclavitud y a través de desierto hasta el monte Sinaí, donde Dios le hizo entrega de los Diez Mandamientos. Moisés murió antes de que llegaran a su destino final: la Tierra Prometida.

gracia (C2): "*La gracia es el favor, el auxilio gratuito* que Dios nos da para responder a su llamada: llegar a ser hijos de Dios… La gracia es una *participación en la vida de Dios…* Esta vocación a la vida eterna es *sobrenatural*," un "*don gratuito*" (*CIC* 1996–99). La Iglesia distingue varios tipos de gracia, a saber, la gracia *santificante* –a veces llamada *justificante* o *habitual*-, las *gracias actuales*, las *gracias sacramentales* y las *gracias especiales* (*CIC* 1996–2005. Ver también plan de clase C2).

herejía (C12): "La negación pertinaz, después de recibido el bautismo, de una verdad que ha de creerse con fe divina y católica" (*CIC* 2089; ver también Canon 751). También las falsas doctrinas y proclamaciones que están en contradicción directa con la doctrina de la Iglesia y la revelación divina… Los casos de herejía formal en los que una persona bautizada rechaza con pleno conocimiento una de esas verdades (pero todavía profesa una fe cristiana, pues de lo contrario constituiría una *apostasía*) son considerados un pecado grave y pueden dar como resultado la excomunión. En los casos de herejía material, cuando una persona bautizada acepta de buena fe una doctrina herética y no rechaza la verdad con pleno conocimiento, no hay pecado.

Justicia social (C16): Condiciones en las que las personas y las instituciones sirven al bien común, respetan los derechos y la dignidad de todos, y todos pueden "conseguir lo que les es debido según su naturaleza y su vocación" (*CIC* 1928).

misionero (C11): De la palabra latina que significa "enviado"; uno que sale a difundir la buena nueva de la muerte y resurrección de Jesús, y su presencia en la Iglesia a aquellos que, de otro modo, no la conocerían. Tradicionalmente, los misioneros viajaban a países extranjeros, pero cualquiera que difunda de modo activo la buena noticia de Jesús y su Iglesia puede ser considerado un misionero. De hecho, la propia naturaleza de la Iglesia es misionera.

mitra (C9): Un tocado litúrgico propio de un obispo o abad. Es alta y puntiaguda y tiene, en la parte de atrás, dos faldones colgantes.

neófito (C1): En el contexto del *RICA*, uno que ha sido "recién plantado" en la fe a través del sacramento del Bautismo; un cristiano católico recién bautizado.

ordenación (C9): "El Orden es el sacramento gracias al cual la misión confiada por Cristo a sus Apóstoles sigue siendo ejercida en la Iglesia hasta el fin de los tiempos: es, pues, el sacramento del ministerio apostólico. Comprende tres grados: el episcopado, el presbiterado y el diaconado" (*CIC* 1536). La ordenación "confiere un don del Espíritu Santo que permite ejercer un "poder sagrado" (*sacra potestas*) que sólo puede venir de Cristo, a través de su Iglesia. … La "imposición de manos" del obispo, con la oración consecratoria, constituye el signo visible de esta consagración." (*CIC* 1538). Se le conoce también como órdenes sagradas.

Pascua judía (C10): En la décima y última plaga enviada por el Señor contra Egipto, todos los niños y animales primogénitos murieron, pero los israelitas fueron pasados por alto, con lo que se garantizó su seguridad y su inminente liberación de la esclavitud (Éxodo 11–12). También la comida ritual establecida por Dios para este evento y la fiesta judía con la que se conmemora. "Jesús escogió el tiempo de la Pascua para realizar lo que había anunciado en Cafarnaúm: dar a sus discípulos su Cuerpo y su Sangre… Al celebrar la última Cena con sus Apóstoles en el transcurso del banquete pascual, Jesús dio su sentido definitivo a la pascua judía" (*CIC* 1339–40). En la Eucaristía, Cristo es nuestro cordero pascual, nuestro eterno Salvador, y nuestro aliento para la jornada, nuestro "pan de vida" (Juan 6:32–51).

patena (C9): Plato generalmente recubierto con oro o plata en el que se colocan las hostias que serán consagradas en la misa.

pecado (C6): "Es faltar al amor verdadero para con Dios y para con el prójimo, a causa de un apego perverso a ciertos bienes… El pecado es una ofensa a Dios… Como el primer pecado, es una desobediencia, una rebelión contra Dios…" (*CIC* 1849–50). El pecado es "un abuso de la libertad que Dios da a las personas creadas" (*CIC* 387; ver pecado mortal and pecado venial).

pecado mortal (C6): un pecado grave que "destruye la caridad en el corazón [y] aparta al hombre de Dios …necesita una nueva iniciativa de la misericordia de Dios y una conversión del corazón que se realiza ordinariamente en el marco del sacramento de la Reconciliación … Para que un pecado sea mortal se requieren tres condiciones: 'Es pecado mortal tiene como objeto una materia grave y es, además, cometido con pleno conocimiento y deliberado consentimiento" (*CIC* 1855–57). Si uno es culpable de un pecado mortal (no lo ha confesado y recibido la absolución), la Eucaristía no puede ser recibida. Por esta y otras razones, la Iglesia llama a sus miembros a confesar todos los pecados mortales –según su tipo y número- en el sacramento de la penitencia.

pecado original (C3): El estado de "privación de la santidad y de la justicia originales" en el que todas las personas son concebidas y que heredan de Adán y Eva (*CIC* 404–05, 416–17). "Creado por Dios en la justicia,… cuando examina su corazón, comprueba su inclinación al mal y se siente anegado por muchos males, que no pueden tener origen en su santo Creador" (Constitución Pastoral sobre la Iglesia en el Mundo Actual *Gaudium et Spes*, 13; ver también *CIC* 1264, 1426). El pecado original es borrado en el sacramento del Bautismo.

pecado venial (C6): Una ofensa a Dios que "No priva de la gracia santificante, de la amistad con Dios, de la caridad, ni, por tanto, de la bienaventuranza eterna" (papa san Juan Pablo II, Reconciliación y Penitencia, 17; ver *CIC* 1863). "Se comete un pecado venial cuando no se observa en una materia leve la medida prescrita por la ley moral, o cuando se desobedece a la ley moral en materia grave, pero sin pleno conocimiento o sin entero consentimiento." (*CIC* 1862). ", la confesión habitual de los pecados veniales ayuda a formar la conciencia, a luchar contra las malas inclinaciones, a dejarse curar por Cristo, a progresar en la vida del Espíritu." (*CIC* 1458).

penitencia (C6): "signos visibles, gestos y obras de penitencia" que reflejan el remordimiento de una persona por sus pecados, su conversión interior y su propósito de enmienda (*CIC* 1430). Las penitencias cristianas más comunes son el ayuno, la oración y la limosna, especialmente durante la Cuaresma (*CIC* 1434). También se puede hacer penitencia por otros, incluidas las almas de los fieles difuntos que se encuentran en el purgatorio (*CIC* 1032). En la Iglesia inicial, los penitentes debían hacer penitencia pública antes de recibir la reconciliación (*CIC* 1447). Hoy, el término *penitencia* se asocia al sacramento, específicamente a las instrucciones que deberán cumplirse y que son dadas por el sacerdote antes del acto de contrición. Esta penitencia, junto a "la confesión de los pecados hecha al sacerdote" y su oración de absolución, constituye "una parte esencial del sacramento" (*CIC* 1456).

Pentecostés (C11): El descenso del Espíritu Santo sobre los apóstoles y el bautismo de unos 3000 nuevos cristianos (Hechos 2:1-41). En ese día, el Espíritu "se manifestó, dio, y comunicó como divina Persona… En este día se revela plenamente la Santísima Trinidad" (*CIC* 731–32; ver también la lección Q3). También, la solemnidad litúrgica que conmemora ese acontecimiento y se celebra cincuenta días después de la Pascua y culmina oficialmente el tiempo pascual. Con ella se reconoce y celebra el establecimiento por Dios de la iglesia cristiana y su naturaleza misionera.

Planeamiento familiar natural (C8): "El control de la concepción humana mediante la restricción del acto marital a los periodos infértiles de la esposa" (*Modern Catholic Dictionary*). En la práctica, el PFN implica la observación y seguimiento de los signos biológicos del mucus cervical para determinar el periodo de ovulación. Hoy en día se dispone de numerosos métodos científicos, efectivos y moralmente permisibles. La mayoría de ellos ayudan a las parejas a monitorear el mucus cervical, la temperatura corporal basal, los niveles hormonales, o una combinación de todos ellos. Los métodos PFN pueden también ser utilizados para lograr el embarazo y para monitorear o diagnosticar la salud reproductiva de la mujer.

presentación de la oración del Señor (C1): Otra presentación al elegido que "les llena con una más profunda comprensión del nuevo espíritu de adopción con el que llamarán Padre a Dios, especialmente en medio de la asamblea eucarística" (*RCIA* 147). Generalmente se celebra "durante la semana posterior al tercer escrutinio" (*RCIA* 21, 178).

presentación del Credo (C1): Una celebración que señala que el elegido acepta y cree todo lo expresado en el Credo y que la Iglesia "con amor les confía…los antiguos textos que han sido siempre considerados como la expresión del corazón de la fe y la oración de la Iglesia" (*RCIA* 147). Generalmente se celebra en la semana siguiente al primer escrutinio (durante el periodo de purificación e iluminación). Durante la Vigilia

Pascual o durante un rito preparatorio celebrado en Sábado Santo, el elegido recitará y profesará el Credo Niceno o el Credo de los Apóstoles.

rito de aceptación (C1): "El rito litúrgico…que marca el comienzo del catecumenado propiamente dicho, en el que los candidatos expresan y la Iglesia acepta su intención de responder a la llamada de Dios de seguir el camino de Cristo" (*Christian Initiation of Adults, Part I*). Mediante este rito, los indagadores –los que se interesan y hacen preguntas- que no están bautizados se convierten en catecúmenos y "son ahora parte de la familia de Cristo" (*RCIA* 47). Antes del rito, cada indagador deberá seleccionar un espónsor y mostrar "evidencias de su fe incipiente… de las primeras sacudidas de arrepentimiento, del comienzo de la práctica de acudir a Dios en oración, un sentido de Iglesia, y alguna experiencia de la compañía y el espíritu de los cristianos a través del contacto con un sacerdote o con miembros de la comunidad" (*RCIA* 42; ver **Guía del Maestro de Indagadores de la *Jornada de Fe para Adultos***).

rito de bienvenida (C1): El rito litúrgico que "da la bienvenida a los adultos bautizados pero no previamente catequizados que buscan completar su iniciación cristiana mediante los sacramentos de la confirmación y la eucaristía, o ser recibidos a la plena comunión con la iglesia católica" (*RCIA* 411). Después de recibir este rito, los candidatos asisten regularmente a la Eucaristía dominical y/o a celebraciones de la palabra de Dios, y se preparan para ritos y celebraciones posteriores que conducen a la plena admisión. Litúrgicamente, este rito es similar al rito de aceptación (ver *RCIA* 411–33).

rito of elección (C1): "El rito litúrgico usualmente celebrado el primer domingo de Cuaresma mediante el cual la Iglesia ratifica formalmente que los catecúmenos están preparados para los sacramentos de iniciación y los catecúmenos, ahora los elegidos, expresan su deseo de recibir esos sacramentos" (*RCIA* Parte I). Mediante este rito, el elegido entra en el periodo de purificación e iluminación. Antes de este rito,

cada catecúmeno tendrá que haber seleccionado un padrino o madrina, "haber experimentado una conversión en su mente y en sus actos, y haber desarrollado un conocimiento suficiente de las enseñanzas cristianas, así como un espíritu de fe y caridad" (*RCIA* 120). Llamado también el registro de los nombres. (Ver "Ritos Pertenecientes al Catecumenado" en esta guía y en la **Guía del Maestro de Indagadores de la *Jornada de Fe para Adultos***).

sacerdocio común (C9): Gracia y consagración espirituales recibidas por todos los cristianos en el bautismo. "El sacerdocio común de los fieles se realiza en el desarrollo de la gracia bautismal… el sacerdocio ministerial está al servicio del sacerdocio común" (*CIC* 1547). Este sacerdocio llama a "la participación plena, consciente y activa en las celebraciones litúrgicas," incluidos los ministerios particulares al acceso del laicado, como es el caso de "los acólitos, lectores, monitores y los que pertenecen a la schola cantorum" (*CIC* 1141, 11432; ver Sacrosanctum concilium, 29). (Ver también la Constitución Dogmática de la Iglesia [Lumen Gentium], 10).

sacramento (C2): "Un signo externo instituido por Cristo para conceder la gracia" (Baltimore Catechism). Mediante cada sacramento, el Espíritu Santo manifiesta (efectúa) la gracia que le es propia para bien del que lo recibe y de toda la Iglesia. La iglesia católica celebra siete sacramentos: bautismo, confirmación, eucaristía, penitencia y reconciliación, unción de los enfermos, matrimonio y orden sagrado. Cada sacramento consta, para ser válido, de una materia que le es propia (material y/o acción específica), una forma (el ritual y/o las palabras con que se concede) y un ministro.

transustantación (C5): Por esta conversión "existe, bajo las especies de pan y vino, el verdadero cuerpo de nuestro Señor, y su verdadera sangre" (Concilio de Trento, Sesión 13, capítulo 4; ver *CIC* 1376). La iglesia católica usa este término para describir su convicción de que "después de la consagración del pan y del vino, se contiene, en el saludable sacramento de la santa Eucaristía

verdadera, real y substancialmente, nuestro Señor Jesucristo, verdadero Dios y hombre, bajo las especies de aquellas cosas sensibles" (Concilio de Trento, Sesión 13, capítulo 1; ver *CIC* 1374). Aunque las apariencias (sabor, olor, apariencia física) del pan y el vino permanecen, las dos especies de la Eucaristía contienen verdadera y plenamente, el Cuerpo, la Sangre, el alma y la divinidad de Cristo.

unción de los enfermos (C7): El acto ritual de untar, frotar o derramar aceite bendito sobre una persona, como un enfermo, o sobre un objeto. Tradicionalmente, la unción ha sido utilizada para santificar (por ejemplo, a sacerdotes, profetas, reyes, altares, vasijas sagradas; ver Éxodo 28:41, 29:36, 30:25–32; y 1 Samuel 10:1 y 16:13). La unción del enfermo no solo consuela al afligido y calma el dolor con la esperanza de la sanación o la curación sino fortalece también la fe de la persona para soportar el sufrimiento o la muerte y vincularla a la pasión y muerte redentoras de Cristo. Como sacramento de sanación, la Iglesia la ofrece a cualquier fiel que se encuentre "en peligro debido a enfermedad o vejez" (Canon 1004). El rito fundamental consiste en la imposición de las manos de un sacerdote sobre la persona, la unción de su frente con aceite, y oraciones. Puede recibirse en más de una ocasión en dependencia de los cambios en el estado de salud de la persona.